運命をひらく
生き方ノート

約三十年、
稲盛和夫氏のもとで
学んだこと

大田嘉仁

致知出版社

運命をひらく生き方ノート

約三十年、稲盛和夫氏のもとで学んだこと

大田嘉仁

致知出版社

はじめに

私は、一九五四年、鹿児島市薬師町で生まれました。その二十二年前、同じ薬師町で「経営の神様」と呼ばれる稲盛和夫さんは生まれています。私の社会人人生の中で生家が一番近いのは稲盛さんであり、一番長く仕事をしたのも稲盛さんです。

その稲盛さんとの最初の会話を私はよく覚えています。一九七八年、新卒で京セラ（当時の社名は京都セラミック）に入社し、半年ほどたった頃、当時の稲盛社長を囲むコンパが開催されました。稲盛さんは「思うところをなんでも言ってくれ」と話すのですが緊張のせいか、誰も口を開きません。そこで私が「京セラは高収益なのに、福利厚生が全然できてない。なぜですか？」と聞きました。すると稲盛さんは「お前みたいな新入社員に何が分かる。俺は、皆が京セラで働いて良かったと思ってもらえるよう必死で努力してるんだ」と私を睨《にら》みつけました。それでも私が「私たち新入社員は四人部屋の寮に入れられ、普通の生活もできてません」と言うと「だから、良くしてあげようと頑張っているんだと話しているじゃないか」と答え、そこで、最初の会話は終わりました。稲盛さんは、生意気な新入社員が入ってきたと思ったのかもしれません。

その生意気な性格は変わることはありませんでした。私は、社費で米国ジョージワシントン大学経営大学院に留学させていただき、一九九〇年、幸運にも首席で卒業することができました。そのこともあったのでしょう。稲盛さんが、翌一九九一年春、当時政治的にも大きな影響力を持つと言われた政府の第三次行政改革審議会部会長に抜擢《ばってき》された際、私は突然特命秘書に指名されました。

その数年後、稲盛さんから「**お前は、先輩や役員にでも何でも言っているらしいな。生意気だと文句を言っているやつがいるぞ。もっと気を遣いなさい**」と注意され、ドキッとしたことがありました。ただ、そのあと「**俺には、これまで同様、何でもドンドン言ってくれよ**」と付け加えられ、少し安心したことを覚えています。

その後、先輩や役員の方には、できるだけ気を遣うようにはしましたが、稲盛さんには、ある意味「生意気なまま」分からないことや納得できないこと、また、自分が思いついたアイデアなど、率直に伝えるようにしていました。あまりに的を外れたときには叱責《しっせき》を受けることもありましたが、稲盛さんは、基本的には嫌な顔をすることもなく、私の拙《つたな》い質問などにも丁寧に回答されました。私は、そのような稲盛さんとの会話の中から多くのことを学ぶことができたように思います。

特に几帳面《きちょうめん》な性格ではないのですが、私は中学生の頃から日記をつける習慣がありましたので、稲盛さんとの会話や教え、気づきなどをできるだけノートにメモ書きするようにしていました。そのノートは、京セラを退任するときには六十冊ほどになっていました。そのことを日頃から親しくさせていただいている致知出版社・藤尾秀昭社長に伝えると「貴重な記録なので、そこから印象に残る稲盛さんの言葉を抜き出して、書籍としてまとめてみたらどうか？　きっと、世の中に役に立つはずだ」と勧められました。

三十七歳で特命秘書となった際、稲盛さんから、要人の方々との打ち合わせや会食には同席するように言われていたのですが、稲盛さんより二十二歳も若い人間が一緒にいることを訝《いぶか》しげに見る人もいました。また、私自身も戸惑うこともありました。そんな私に対し、稲盛さんは最初「お前はメモ帳のようなものだ。便利だから同席させているんだ」と話していたのですが、途中から「この場で勉強し、大成してほしいから、お前を同席させているんだ」と言うようになりました。私が京セラの役員になった頃は「いつまでも俺の陰に隠れずに、出しゃばれ。これまで学んだこと、自分で成し遂げたことに自信を持って、皆に伝えなさい」と発破をかけられるようにもなりました。

藤尾社長から先のような提案をいただいたときに、私は、そのことを思い出し、稲盛さんと一番長い時間を共有し、謦咳《けいがい》に接することができた私には、稲盛さんから学んだことを発信する役割があると改めて思い、「分かりました」と返事をしたのです。ただ、その作業は簡単ではありませんでした。自分の字とはいえ、走り書きの約六十冊のノートを丁寧に読み返し、気になった言葉をピックアップし、整理、分類するには、途方もない地道な作業が必要となるからです。しかし、その地道な作業を続けていると、あるときから、言葉のほうから「私をピックアップしてほしい」と呼びかけられるような感覚に陥るようなこともありました。稲盛さんの善き思いに満ちた言葉が私のノートから次々と現れてくるのです。

本書は、その多くの言葉の中から、さらに選び抜いた言葉で構成されています。原稿を書き終わり、読み直してみると、厳しい表現もありますが、稲盛さんのどの言葉にも、すべての人の幸せを願い、すべてに善かれしという大きな愛が満ちていることに気が付きました。人間を語るときも、経営を語るときも、その善き思いが間違いなく根底にあるのです。

本書では基本的には、稲盛さんの言葉をそのまま引用していますので、読み方によっては誤解を与えるかもしれません。しかし、私が、勝手に当たり障りのない言葉に修正するより、生の言葉のままのほうが、稲盛さんの純粋な思い、迫力、そして愛を感じられると思い、あえてそうしています。

稲盛さんが、いつまでも生意気な若造であった私を長く近くにおいてくれたことに、今改めて心から感謝しています。稲盛さんからは、この世に偶然はなくすべてに意味があり必然だと教えてもらいました。そうであるなら、私が稲盛さんの近くで長く仕事をさせていただいたことも必然であり、意味があるはずであり、その意味の一つには、私が稲盛さんから学んだことを広く世に伝えることがあると感じているところです。

致知出版社・藤尾社長からの出版の勧めがなければ、私の六十冊のノートは死蔵されることになり、稲盛さんの貴重な言葉も埋もれてしまったはずです。このような機会をいただいた藤尾社長に心からの謝意を表する次第です。

なお、本書の執筆にあたっては、致知出版社・書籍編集部次長小森俊司さんには大変お世話になりました。心から感謝申し上げます。

本書に収められた稲盛さんの愛に満ちた言葉が、多くの読者の方々に希望とエネルギーを与えることを心から願っています。

二〇二四年　盛夏

大田嘉仁

装幀　秦浩司

目次

2 考え方

3 成長の原理

第2章　リーダーのあるべき姿

1　リーダーのあり方

2 リーダーの条件

3 リーダーの役割

4 リーダーの心構え

5 リーダーとして気を付けるべきこと

6 リーダーの最も大切な仕事

第3章　経営の要諦

1　正しい経営をする

2 正しい数字で経営する

3 新しいことを始める

第4章 素晴らしい未来のために

3　心を磨く

第1章

いかに生きるか

「厳しいときに、それを恨んだり、斜に構えたり、自堕落になってしまえば、人生は台無しになる。人生をまっすぐに生きることが大事だ」

1　生き方

明るい未来を目指さなくてはいけない――人生に向かう基本姿勢

人生には何が起こるか分かりません。良いことばかりならいいのですが、もちろんそんなことはなく、むしろ悪いこと、苦労することのほうが多いのが現実です。そんな人生をいかに歩んでいくべきなのか。どうすれば素晴らしい生き方ができるのか。それを考えるとき、私の胸には稲盛さんから折々に伺った言葉がよみがえってきます。

稲盛さんは、生き方について基本的な指針となる言葉を数多く発しています。私はそれらの言葉を長年にわたってノートに書き留めてきました。そのノートを改めてひもといてみると、稲盛さんの言葉は自らの体験から生み出されたものであり、また心の底から発せられたものであることがよく分かります。それが言葉の重み・強さとなり、たくさんの人々を惹きつけるのです。

あるとき、稲盛さんはこういう話をしました。

「人生における不運、挫折が人生を豊かにする。素直に一生懸命生きればいい」「挫折が人生の栄養になる」「辛酸をなめることが魂を磨く」「神様は苦しんでいる人を助けてくれる」

いずれの言葉も、どんな困難に直面しても前向きに捉えることの大切さを伝えています。稲盛さんは、**「人間は暗いと失敗する」**と断言しています。それは、心のあり方次第で人生は良いほうにも悪いほうにも変わることを確信していたからです。だからこそ、**「厳しいときに、それを恨んだり、斜に構えたり、自堕落になってしまえば、人生は台無しになる。人生をまっすぐに生きることが大事だ」**と語っているのです。

これは私たちが人生を歩む中で、最も基本的で大切な姿勢になります。生まれてこの方ずっと順風満帆で、ずっと右肩上がりだったという人はいないでしょう。歴史書を読んでも分かるように、英雄・偉人と呼ばれた人でさえ、多くの浮き沈みがあります。

人生ではどんなに真面目に努力を重ねても、思いもよらないことで挫折してしまうことがあるのです。しかも、繰り返し不運に見舞われることさえあります。そういう厳しい状況に身を置いたときにどういう心構えで向き合うのか？　そのときの姿勢一つで人生が変わるということを稲盛さんの言葉は教えています。挫折や不運を恨んで「どうせ自分なんて」と不貞腐《ふてくさ》れてみたり、斜に構えて世を拗《す》ね、他人を恨んだり、うらやんだりすれば、せっかくの人生は台無しになってしまうのです。

稲盛さん自身、子供の頃から不条理とも思える不運・挫折を繰り返し経験し、それを乗り越えてきました。そのような経験を踏まえ、苦難に直面したときは、**「挫折が人生の栄養になるんだ」**と受け止めて、常に前向きに、まっすぐに生きることが大切だと教えているのです。

さらに、稲盛さんは、自分自身が多くの苦境を乗り越えた経験から、次のような言葉を残しています。

「どんな厳しい状況に置かれようと、あるべき姿、明るい未来を絶対に目指さなくてはならないと思うようになった。そうすると妬《ねた》みや嫉《そね》みがなくなった」

また、この言葉を裏返すように、自分の人生を振り返り、**「悪い思いを持つのが恐くなった」**とも語っています。

この「あるべき姿、明るい未来を目指さなくてはならない」「悪い思いを持たない」というのが、稲盛さんの人生に向かう基本的な姿勢なのです。

そのためにはどうすればいいのか。稲盛さんはこう言いました。

「今日を精一杯生きてみよう。そうすれば明日が見える。遠大な目標を立てるのも大事だが、それでは、最初から萎《な》えてしまう。それよりも、まず今日を一生懸命生きることが大事。その積み重ねで遠大な目標にも近づける」

実に明快です。とはいえ、精一杯生きたらすべてがうまくいくほど人生は甘くありません。挫折もあるし、不運に見舞われることもあるのです。だからこそ、**「挫折が人生の栄養になる」**と前向きに捉えるべきだと教えているのです。

しかし、人間の心は弱く、そう簡単には前向きになりません。「こんなに一生懸命頑張ったのに」と、つい愚痴や不平不満などの暗い思いが心の中に芽生えてきてしまいます。稲盛さんは**「俺の辞書に否定的な言葉はない」**と話していますが、そういう暗い思いを抱かないように、常日頃からネガティブな言葉を使ったり否定的な思いを持たないように努力し、それを習慣にすべきだというのです。

そして、無理やりでもいいので、**「常に底抜けに明るい未来を描きなさい」**と諭しています。つまり、平時のときに心の中から暗くネガティブな思いを払拭《ふっしょく》しておくことで、苦境に陥ったときでも前向きでいられると教えているのです。

「宇宙の意志」と調和する

どんな苦難に遭遇しようとも常に明るく前向きでなければならないという稲盛さんの言葉の前提にあるのは、『「宇宙の意志」と調和する心」という極めてスケールの大きな発想です。それは、京セラフィロソフィの一つにもなっていますので、紹介したいと思います。

「世の中の現象を見ると、宇宙における物質の生成、生命の誕生、そしてその進化の過程は偶然の産物ではなく、そこには必然性があると考えざるを得ません。この世には、すべてのものを進化発展させていく流れがあります。これは『宇宙の意志』というべきものです。この『宇宙の意志』は、愛と誠と調和に満ち満ちています。そして私たち一人一人の思いが発するエネルギーと、この『宇宙の意志』とが同調するのか、反発しあうのかによってその人の運命が決まってきます。

宇宙の流れと同調し、調和をするようなきれいな心で描く美しい思いをもつこ

とによって、運命も明るくひらけていくのです」

（サンマーク出版『京セラフィロソフィ』より）

天文物理学によれば、百四十億年ほど前にビッグバンで生まれた宇宙は、最初は単なる素粒子の塊でしかありませんでした。その後、多くの元素が生まれ、化学反応を続け、物質が誕生し、ガスとなり宇宙を漂い、その塊が星となりました。その一つが地球です。約四十五億年前に生まれたという地球には、当初、生命はありませんでした。途方もない時間の中で原始生命が誕生し、生物となり、その一つが人類となりました。

その人類も進化を続け、素晴らしい文明を築きました。残念ながら、自然災害もあり、争いも絶えませんが、それでも人類の進化、文明の発展が止まったことはありません。

稲盛さんは、宇宙にはその開闢《かいびゃく》以来、**「すべてに善かれかし」**という大きな愛が満ちていると言い、それを**「宇宙の意志」**と呼んでいます。これを言い換えれば、サムシング・グレート（something great）、「神様の意志」となるのかもしれません。

そうであれば、明るい未来を信じ、常に前向きでいることは、宇宙の意志にも同調していることになります。ですから**「常に明るく前向きでなければならない」**と強調しているのです。

「神様は平等だ」——人知を超えた存在を認める

稲盛さんは、**「神様は平等だ」**とも言いました。一生懸命頑張っても報われないのではないかと心配している人もいるかもしれません。しかし、この宇宙を作った万能の神はすべてを見ているのだから、誰かをえこひいきするはずはない。だから、人知れず苦労を重ねていたとしても、神様は平等だから必ず報われるようになっている。そう信じて明るい未来を描くことが大事だというのです。人はどんなときでも**「明るいロマンチストでなければならない」**と話しているのも同じ意味だと思うのです。

この神様という言葉、あるいは六十五歳のときに得度したことなどから、稲盛さんのことを宗教的な人だと感じるかもしれません。そのような面があるのは事実ですが、一方で、稲盛さんはそもそも研究者であったことも忘れてはなりません。大学では応用化学を専攻し、京セラ創業当時は技術者経営者として高く評価されていました。

稲盛さんは研究者・技術者として仕事を続ける中で、この世の中には偶然というものはなく、すべてに原因があり、だから結果があることを確信するようになりました。もちろん、現在の科学がすべての自然現象を論理的に説明できるわけではありません。しかし、現在の科学で因果関係を説明できないからといって否定するのではなく、人知を超えた存在があることを認めなければならないというのが、研究者としての稲盛さんの自然な結論なのです。

稲盛さんは**「人間には自然を変える力も、宇宙を変える力もない。自然に生かされているだけ」**なのだから、**「偉大な存在を認め、もっと謙虚になるべきだ」**と語っています。

このように、研究者として真理を追究していく中でいつの間にか神ともいえる存在を認めるようになったのです。これは多くの研究者が到達した結論でもあると思うのです。

稲盛さんは、研究者らしい表現もよくしていました。たとえば、心の理（コトワリ）、つまり心の構造や仕組みを明らかにしたのが心理学で、物の理（コトワリ）を明らかにしたのが物理学であり、その心理学と物理学を融合したものが哲理、つまり生き方の理（コトワリ）だと説明していたこともあります。

稲盛さんは子供の頃から屈辱的ともいえる挫折を繰り返す中で、心について関心を持つようになり、その後、経営者になり、どうすれば社員をまとめられるかに心を砕きました。その中で、心の理（コトワリ）を学んだと言っています。

一方で、研究者・技術者として実験を繰り返し、多くの新製品を開発する中で、科学的で合理的な発想の大切さ、つまり物の理（コトワリ）を学びました。その結果として、稲盛さんの心の中で心理と物理が融合し、自分の哲理、哲学が生まれたのです。

「敬天愛人」という生き方

ご存じの方も多いとは思いますが、稲盛さんの座右の銘は、明治維新の立役者で郷土鹿児島の偉人、西郷隆盛の「敬天愛人《けいてんあいじん》」という言葉です。私は、最近になって初めて、その言葉の意味が少し分かるようになった気がします。

西郷隆盛は、薩摩藩の改革に懸命に取り組んだにもかかわらず、島流しという不条理な厳しい処罰を二回も受けます。二回目の島流しの際は、沖縄にほど近い沖永良部《おきのえらぶ》島の海岸近くに建てられた、雨風を防ぐものが何もない座敷牢に閉じ込められています。

そのような不遇のどん底の中で、西郷隆盛は「敬天愛人」という言葉を生んだのです。言葉通りに解釈すれば、「天を敬い、人を愛す」となりますが、当時の置かれた環境を考えると、「どんな逆境に陥ろうと決して天を恨んだり、人を憎んだりしない。それでも、天を敬い、天に恥ずかしくない生き方をし、それでも人を愛し、人のために生きる」、そう解釈できると私は思うのです。

同じような厳しい人生を歩んできた稲盛さんは、だからこそ、この言葉を座右の銘とし、「**敬天愛人**」という生き方を目指していたのだと思うのです。

屈辱的な体験と数々の挫折が育んだ負けじ魂

稲盛さんの前半生は挫折の連続でした。稲盛家は鹿児島市郊外で代々農業を営んでいたのですが貧しく、お父様は若くして鹿児島市内に丁稚《でっち》奉公に行きました。そこで印刷職人として腕を磨き、やがて独立して鹿児島市薬師町という旧武家屋敷地区で印刷業を営むようになります。

稲盛さんはその地で生まれました。少年時代の稲盛さんは明るく優秀なだけでなく、親分肌で喧嘩も強いガキ大将でした。しかし、旧武家屋敷地区で生活する中ではいろいろな軋轢《あつれき》もあり、稲盛さんには斜に構えたところも少しあったといいます。

西郷隆盛が校名を揮毫《きごう》したという地元の西田小学校を卒業するとき、稲盛さんは親しい友人たちと一緒に、同じ薬師町にあり、鹿児島で最難関といわれた旧制中学を受験します。成績が良かった稲盛さんは当然合格できると誰もが思っていたのですが、結果は稲盛さんだけ不合格で、本人も周りの人たちも驚いたそうです。これはガキ大将であった稲盛さんにとっては最初の屈辱でした。多感な子供心に「なぜ自分だけ」という悔しい思いが湧いてきたはずです。

その屈辱を晴らす意味もあったと思いますが、稲盛さんは翌年、再度同じ中学を受験します。つまり、実質的な中学浪人を経験するのです。昔も今も大学浪人ならいくらでもいますが、中学浪人は聞いたことがありません。同級生が楽しそうな中学生活を送る中、自分だけが取り残されている。十二歳の稲盛少年にとっては屈辱的な経験であったことは違いありません。

翌年、満を持して再受験した結果は、またしても不合格でした。そのときは結核を患うという不運があったとはいえ、浪人したにもかかわらず志望校に進めなかったことでさらに大きな挫折感を味わったことは想像に難くありません。結局、一年遅れで地元の私立中学に進学するのですが、年下の同級生と同じ授業を受けることも耐え難い屈辱だったはずです。

この時期、稲盛さんは、春田さんという小学校時代の親友に対して強烈な嫉妬心を抱いています。小学校時代の稲盛さんと春田さんは同じように優秀な成績で、「ハルちゃん」「イナちゃん」と呼び合うほど仲が良く、同じ旧制中学を受験し、当然中学でも一緒に学べると思っていたのですが、稲盛さんだけが不合格になったのです。

旧制中学の帽子をかぶり通学する途中、春田さんは偶然稲盛さんと出会ったことがあるそうです。そのときのことを春田さんも稲盛さんも覚えていました。春田さんは「イナちゃんが、きりっと睨《にら》み返してきて驚いた」と言い、稲盛さんは、「春田は自分を蔑《さげす》むような目で見た」と言いました。

その後、社会人になって二人は再会し、再び親しくなるのですが、稲盛さんは当時のことを思い出して、「受験に失敗したとき、あいつは友達だったのに俺を馬鹿にして見下した。そのときはあんな嫌な男はいないと思った」と率直に話していました。

春田さんは、私の小学校、高校（西田小学校、鶴丸高校）の先輩でもあり、親しくさせていただいたのですが、「あのときの稲盛さんの『負けてたまるか』という強烈な気概が、その後の成功のベースになったのではないか」と話していました。

子供の頃、手に負えないような大きな挫折を経験し、「それから逃げるか」、それとも「それに立ち向かうか」という二つの選択肢があるとき、私であれば、「運が悪かったからだ」と言い訳をして逃げてしまうでしょう。しかし、稲盛さんは「二度とあんな屈辱は受けたくない」と自分の人生に真正面から立ち向かっていきました。その「負けてたまるか」という強烈な気概がその後の稲盛さんの人生の底流に流れていると思うのです。

明るい未来も暗い未来も、すべては自分の心の反映

稲盛さんの少年期の挫折は、受験の失敗だけではありませんでした。最初に中学受験に失敗し、再チャレンジを決めたあと、当時は死病と言われていた結核に罹《かか》ってしまいます。

その頃、稲盛さんの自宅には結核を病んでいた叔父さんが同居していました。お父さんやお兄さんは叔父さんの看病をしていましたが、再受験にあたり、どうしても合格したいと思い詰めていた稲盛さんは「絶対に結核には罹患《りかん》したくない」と、叔父さんに近づくことさえ避けていました。ところが、皮肉なことに、その稲盛さんだけが結核に罹ってしまったのです。

優秀であったにもかかわらず希望した中学には合格できず、自分と同じような成績

だった友人たちは進学して楽しそうな日々を送っている。さらに、結核の怖さを知って用心していたのに、自分だけが結核に罹ってしまい、死の恐怖の中にいる――。当時十二歳の少年が、「なぜ自分だけがこんなに不条理な扱いを受けるのだろう」「なぜ、家族の中で自分だけが結核にかかるのだろう」「世の中は不公平だ」と世を拗ね、恨んでも仕方ないでしょう。

そのとき、稲盛さんの人生に転機をもたらす出来事がありました。近所の方が「生長の家」の本を持ってきたのです。全部で四十巻ほどある『生命の實相《じっそう》』という本です。人生に絶望し、死を恐れていた稲盛少年は、その本を夢中で読み進み、読破しました。そして、「**目の前に現れるすべての現象は、自分の心の反映なんだ。現在の不運を呼び込んでいたのは、自分の心だったのだ**」と学ぶのです。

振り返ってみると、中学受験に失敗したのも、小学校の先生の態度に不満を抱いた自分の心が招いたものであり、結核を罹患したのも、自分だけは結核に罹りたくないという利己的な心が招いたものであることに気が付いたのです。

そうであれば、元気に楽しそうな日々を送る友達をうらやんでも仕方ない。「**すべては心の反映だから、現状がどうであれ、否定的な思い、悪い思いを持ってはならない。明るい未来を描かなければならない**」と思うようになったというのです。

当時のことを振り返り、**「子供心に否定的な思い、悪い思いを持つことが怖くなった」**と稲盛さんが話したとき、すべてを前向きに捉えることが大切だという稲盛哲学の原点を聞いたような気がして、私は小さく身震いをしました。

結果として、稲盛さんの**「大きな挫折は人生の大きな栄養」**になったのです。

ちなみに、『生命の實相』という本は全巻私の家にもありましたが、難しすぎてとても子供に読めるような内容ではありませんでした。ある記事で、稲盛さんが十二歳のときにこの本を読んだという記述を見つけたとき、私は怪訝《けげん》に思い、稲盛さんに「これは二十二歳の印刷ミスですよね？」と率直に聞いたことがあります。すると稲盛さん「いや本当に、十二歳のときに読んだんだ」と言われ、驚いたことを覚えています。

人の長所を認める──コンプレックスの克服から生まれた生き方

小学生のときの稲盛さんがそうであったように、誰でも、才能に恵まれ運のいい友人がいればうらやみ、他人が褒められると嫉妬するものです。しかし、稲盛さんが**「恨み、嫉み、妬みは人間を荒廃させる」**と言っているように、羨望《せんぼう》や嫉妬は「それに比べて自分は」と、結局自分を暗くするだけです。**「人の長所を認める人が明るい人」**だと稲盛さんは教えていますが、相手の長所、素晴らしさを素直に認める度量を持つことで、コンプレックスを克服し、初めて心の底から明るくなれるのです。

繰り返し説明しているように稲盛さんは、**「常に明るく前向きに」**という生き方を一番大事にしていました。それは、子供の頃、挫折や闘病に苦しみ、友人たちを妬み、素直に明るくなれなかった過去の自分を裏返しにした言葉でもあり、稲盛さんが少年時代に体得した人生を貫く大きな柱でもあるのです。

因果応報、善因善果、悪因悪果——メディアに叩かれ人生の法則を知る

創業して二十五年ほどたった頃、京セラは高収益高成長の超優良企業と呼ばれ、稲盛さんは若手を代表する経営者の一人として高く評価されていました。そんな時期に京セラが開発した人工骨にまつわる薬事法の問題が起こりました。京セラは、人命を守るための法律である薬事法に違反して、自社製品を病院に違法販売していたというのです。実際は、困っている患者を助けたという一心で、関係者の内諾も得て進めた案件だったのですが、そのような理屈が通るはずがありません。さらに同じ頃、極め

て少数ですが、法律を犯した製品を販売しているとも批判されました。

すると稲盛さんの評価は一変します。「高収益だと誇っていたけれど、その内実は金儲け主義で、裏では平気でルール違反をしている。京セラは法律違反や社員のハードワークで高収益になったのであり、多くの社員が血と涙を流し、犠牲になっている」というのです。『京セラ・血で塗られたバランスシート』（一九八五年）というショッキングなタイトルの本も出版されました。

今も昔も同じでしょうが、メディアの評価は簡単に変わります。新聞、テレビ等で連日批判されるだけでなく、稲盛さんは国会にまで呼ばれました。当時を振り返って、稲盛さんは「自分はともかく、社員にも迷惑をかけてしまった。子供たちも学校で嫌な思いをしているだろう。そう思うと、生きていることさえ嫌になり、社長も辞めたいと思った」と語っていました。実際、あまりの心労に体調を崩し、入院もしています。

これからどうすればいいのか分からなくなった稲盛さんは、以前より私淑していた京都市八幡にある臨済宗円福寺の西片擔雪《にしかたたんせつ》老師を訪ねました。「大変な目に遭っています」と事情を話すと、西片老師は「人生には因果応報という決まりがあります。災難に遭うのは過去につくった業《ごう》が消えるときです。稲盛さん、業が消えるんですから喜ぶべきです。これからはさらに善きことを思い、善きことに努めるべきです」と諭しました。

このとき、稲盛さんは「**因果応報、善因善果、悪因悪果**」という人生の法則を学んだのです。

ご老師から優しい慰めの言葉を期待していた稲盛さんは、最初は落胆したそうですが、すぐに災難から立ち直る最高の言葉をご老師からいただいたことを理解し、さらに善きことをしなくてはならないと考えるようになったと言います。

そして実際に、世界の研究者を顕彰する京都賞、若手経営者を育成する盛和《せいわ》塾、さらには日本の電話料金を下げるために創業した第二電電（現ＫＤＤＩ）など、善きことにさらに努めるようになります。

「動機善なりや、私心なかりしか」

その第二電電を創業するとき、稲盛さんは「**動機善なりや、私心なかりしか**」という自問自答を半年間続けたと言います。このエピソードは経営だけでなく、私たちの生き方にも大切な示唆を与えると思うので、少し詳しく説明します。

初めてこの話を稲盛さんから聞いたとき、私は無作法にも「本当に半年間も自問自答を続けたのですか？」と質問しました。稲盛さんほどの人物であれば、一回自問して「動機は善で、私心はない」と自答したらそれで十分だと思ったからです。

すると、**「いや本当に毎晩、自問自答した。お酒を飲んで帰ったときでさえ、寝る前に、自問自答を続けた」**というのです。

ご老師から教えてもらったように人生には因果応報という決まりがある。純粋な善き思いであれば、必ず成功できる、しかし、そこに少しでも不純な思いや私心、利己心があれば、成功できない。だから、第二電電創業という巨大プロジェクトを始めるに当たり、どうしても、「本当に動機は善で私心はないのか」を確認したかった、つまり、稲盛さんは、自分を疑う勇気も持っていたのです。

「俺はそんな上等な人間だろうか。利己心もあって、自己顕示欲もあって、いい格好をしたいから第二電電を創業するんじゃないのか」と稲盛さんは自分自身を徹底的に疑い、自問自答を繰り返したのです。そして半年間、百八十回も自分自身を厳しく問い詰めた結果、**「動機は善であり私心は一切ない」**ことが確認でき、第二電電創業を正式に決意するのです。

その経験をもとに、稲盛さんは**「動機が善であり、私心がなければどんな事業でも**

成功する」と話しています。それに対して、「そんなことはないだろう。事業はそんなに簡単ではない」と反発する人もいます。しかし、何か新しい事業を始めるとき、心の中に少しでも自分が得をしたいという不純な動機や成功して目立ちたいという私心があればどうなるでしょうか？

「会社は社員の協力で成り立っていて、一体感が何よりも大切である」と稲盛さんは語っています。不純な動機や私心があれば、社員に見抜かれ、社員の心を一つにまとめて燃える集団にすることはできないでしょう。その結果として、たとえどんなに素晴らしい意義のある事業でも、成功させることはできなくなるのです。

稲盛さんは、**「すべての現象は心の反映だ」**と子供の頃に学び、ご老師から**因果応報**という人生の決まり事を学びました。そのような経験から、新しい事業を始める際には**「不純な考え方や私心は微塵《みじん》もはさんでは決して成功できない」**と確信するようになります。そして、半年にわたり自分の心のあり方を確認したうえで創業した第二電電は、やがてＫＤＤＩとなり大成功を収めることができたのです。

そこまで自分の思いを純化できれば**「宇宙の意志」**とも同調して、どのような困難に直面しようと、それを乗り越えようという強いエネルギーが生まれ、多くの人々の協力も得ることができる。だから、必ず成功できる。そう稲盛さんは教えているのです。

稲盛さんの「**動機が善であり私心がなかった**」ことは、第二電電で無給であったり、創業者でありながら上場時にキャピタルゲインを全く手にしなかったことからでも明らかです。これについて稲盛さんは「**資本主義の権化であるアメリカの投資家から見たら不思議だろうけれど、俺から見たらそれが当たり前だった**」と言われていました。その後稲盛さんは「『**動機善なりや、私心なかりしか**』**という言葉で自分を縛り続けてきた**」と話していましたが、それはＪＡＬ再建を無給で引き受けたことにもつながっていると思うのです。

「**動機善なりや、私心なかりしか**」と自問自答をすることは、良く生きるためにも大切であることは間違いありません。稲盛さんは、「**心に思い描いたものを集積したものが人生になる**」と語っています。日々の生活の中で、心に描くものをできるだけ善きものに、私心をなくしたものにすれば、間違いなく、素晴らしい人生が送れるようになると教えているのです。

「困難は愛の変形」――困難は神様からの贈り物

世の中を見ればよく分かりますが、自然災害を含め、長い人生の中では、誰もが思いがけない挫折、不条理とさえ思える困難に直面しています。その最たるものが稲盛さんの前半生だったかもしれません。

その稲盛さんは、挫折や苦労を引きずってネガティブな思いを持つどころか、そこから学び、それを糧にして成長し、さらには周囲をも感化していきました。

稲盛さんは、挫折続きの自分の前半生を振り返り、**「困難は愛の変形」**と話したことがあります。困難とは、神様がもっと成長してほしいという愛をもって与えたものだというのです。ですから**「挫折は人生の栄養」**で**「挫折が人生を豊かにする」**のであり、**「挫折、苦悩が人間を作る」**のです。つまり、挫折が多いほど成長できるということです。

さらに稲盛さんは**「苦労の中で人は育つ。満ち足りた中では人は弱い」**とも教えています。それゆえに、**「どんな厳しい局面に立たされても逃げてはならない。すべての経験は必ず自分の人生にプラスになると信じ、前向きに捉えることが大切だ」**と私たちを優しく励ましているのです。

2 考え方

どんなことがあってもポジティブに考える

これまで述べてきたように稲盛さんの前半生は苦難の連続でした。中学だけではなく、大学も第一志望は不合格でした。最終的に進んだ地元の鹿児島大学では、当時一番人気のあった応用化学を専攻し、昼は実験に明け暮れ、夜は図書館での勉強やアルバイトに精を出して過ごします。

優秀な成績だったのですが、地方大学の出身ということで就職はなかなか決まりませんでした。「なぜなんだ。自分が認められないのは、社会がおかしいからだ。いっそインテリヤクザにでもなろうか」と斜に構えていたときもあるそうです。

結果として、大学の恩師の紹介でようやく就職が決まったのは京都にある松風《しょうふう》工業という会社でした。専攻した応用化学とは全く関係のない瀬戸物の絶縁碍子《がいし》を作っている会社です。稲盛さんは卒業間際に慌てて無機化学を学び、卒論も出したのですが、それまでの応用化学の知識や経験は生かせません。忸怩《じくじ》たる思いもあったはずです。

当時の多くの家庭と同じように、稲盛さんの家も決して豊かではありませんでした。ご両親は、高校を卒業したらすぐに働いてほしいと思っていたのですが、稲盛さんは無理をお願いして大学に進学させてもらっていました。そのため、学費などは奨学金やアルバイトで賄っていたのです。

そのような苦労の末、就職するのですから、ご両親やご兄弟の期待も大きく、本人も明るい希望を抱いて京都に向かいます。しかし、入社してみると、松風工業は労使紛争に明け暮れ、赤字が続きで給料も遅配されるような状態でした。

稲盛さんは、弱電用絶縁セラミックの研究を任されますが、職場には実験設備もロクに揃っていません。また、実験といっても、いろいろな種類の原料を調合し、成形・焼成・分析するといった単純作業の連続でしかありませんでした。

劣悪な環境の中で、自分の専門から遠く離れた無機化学という分野で、明けても暮れても粉まみれになりながら実験を繰り返す。それは、誰から見てもやりがいを感じられるような状況ではなかったのです。近くの八百屋さんに「若いのに赤字会社で深夜まで働かされてかわいそうだ。さぞかしつらいだろう」と慰めの言葉さえかけられたこともあるほどでした。

半年もたたないうちに、稲盛さんは嫌気がさして、同期入社した五人の友人と一緒に会社を辞めて自衛隊に入ろうと話をします。しかし、実家のお兄さんから「教授に紹介してもらってようやく入れた会社なのに、すぐに辞めるとは何事か」と反対され、結局、書類が揃わずに、稲盛さんだけが松風工業に残ることになりました。

ここに至って稲盛さんはついに覚悟を決めました。最初は**「行くところがなくなり開き直った。憂さを晴らすためにも研究に打ち込んだ。諦めをもって打ち込んだ」**そうですが、打ち込んでみると専門でもないのに成果が出るようになりました。上司にも褒められ、もっと頑張ってみようという気持ちになったそうです。

そのときの心境を稲盛さんはこう語っています。

「退路を断ち、前向きにやろうと全力を尽くそうとしたら思った以上の成果が出た。なぜなのか？　心のあり方に関心を持つようになった」

同じ劣悪な環境の中で同じ仕事をしても、心に不平不満を抱いて嫌々やるのと無心になって打ち込むのとでは、結果に雲泥の差が出ることに気が付いたのです。そこで、子供の頃を思い出して、**「どんなことがあってもポジティブに考えなければいけな**

い」と自分に言い聞かせたといいます。

この仕事に対する考え方、姿勢の転換によって、稲盛さんの人生は初めて明るい方向に進むようになります。

仕事を好きになることが幸福な人生を送る第一歩

自分の仕事に前向きに取り組むようになった稲盛さんは、自分が担当している新しい絶縁材料の開発に成功すれば、それがテレビを構成する小さな部品の一つでしかなくても、日本のエレクトロニクス産業の発展に大きく貢献できることに気が付きました。そして、自分の仕事が社会の発展に貢献できる意義深いものだと分かると、さらにモチベーションが高まりました。あんなに嫌だった仕事が好きになって、どうしても成功させたいと強い思いを抱くようになり、自ら進んで昼夜を分かたず研究に打ち込むようになるのです。

ただ、稲盛さん自身は無機化学の知識に乏しく、社内に相談できる人もいません。そもそも、当時は日本国内で弱電用絶縁材料になるファインセラミックを研究している人は少なく、参考文献さえありません。それでも自分の仕事が好きになった稲盛さんは諦めませんでした。海外から英文の論文なども取り寄せ、それも参考にしながら研究に没頭するようになるのです。

すると、すぐにでも辞めたいと思うほど嫌だった仕事がたまらなく面白くなりました。そしてついに、当時のテレビ用ブラウン管には不可欠なフォルステライトという新しいセラミックの絶縁材料の合成に世界で二番目に成功するのです。その素材で作った絶縁部品は、日本のテレビ産業の発展に貢献すると同時に、赤字続きの松風工業も救い、その後の京セラの成長発展の起点ともなりました。

この経験を通じて、稲盛さんは仕事に面白みを覚えるかどうかは自分の心のあり方次第だということを確信します。どんな仕事でもまずは誠心誠意打ち込んでみるべきだ。そのために**「仕事を好きになること、その努力をすることが大事だ」**というのです。そうすると必ず何かしらの成果が出てきて、同じ仕事でも面白くなってきます。

さらには、どんな仕事にも社会的な意義があるはずなので、それに気付くべきだと言います。そうなれば使命感も高まり、さらに仕事に打ち込めるようになります。すると、さらに大きな成果が生まれ、さらに評価されるようになるという好循環が生まれ、人生は良い方向に変わっていくというのです。

稲盛さんは当時を振り返り、**「仕事を好きになる努力をした。すると文句を言わな**

くなり、お陰様でと思うようになってから人生が変わった」と語っています。その経験から**「最初から好きな仕事なんか世の中にはない。目の前にある仕事を好きになることが大切なんだ」**と教えているのです。

これは仕事をするうえで最も大切な姿勢でしょう。もし自分が希望する会社に入社できても、配属部署が希望とは違うということもあります。希望する会社の希望する職場に配属されるという幸運に恵まれても、最初は単純な下働きのような仕事から始まります。すると、仕事内容が自分の思い描いたものと違うと落胆したり、上司から日常の行動をチェックされ、成果も求められるという社会人としては当たり前のことを堅苦しく感じたり、プレッシャーを感じ、逃げ出そうとする人もいるかもしれません。結局、仕事の面白さを経験する前に半身に構えてしまい、「こんなはずではなかった」「友達はもっと楽しそうに働いている」といって転職活動を始める人もいるのではないでしょうか。

隣の芝生はどうしても青く見えるものです。ですから稲盛さんは、**「与えられた仕事が好きになれない人は結局転職するけれど、そういう人はどんな仕事も嫌いだ」**と言っているのです。

稲盛さん自身、松風工業に入社してすぐに転職活動を始めた頃を思い出し、**「もし**

転職できても、そこが気に入らずに、また転職をしようとするかもしれない。いつか、自分の思い描いた仕事が見つかるかもしれないが、見つからないかもしれない。見つからず転職ばかりしていると、まともな人生が送れるはずはない」と気付いたと話しています。

そして、反省を込めて、「**自分が何を好きかも分からないくせに**」と言うのです。働いた経験もほとんどないのだから、どんな仕事が自分に合っているか分かるはずもなく、「待っていました。この仕事はあなたにぴったりです！」というような奇跡は起こらないというのです。

当たり前のことですが、仕事をするということは対価として給料をもらうわけですから、最初から、面白く、楽しいはずはありません。稲盛さんは「**働くことはつらいこと。でも、それに打ち込んでみると必ず成果が表れて、仕事に惚れることができる**」と語り、「**周りからかわいそうだと思われるような状況でも明るく前向きに一生懸命取り組む。そうすれば結果として人間的にも成長できる**」と教えています。

ですから、稲盛さんは「**何もしないうちから面白いかどうかを決めるのではなくて、まずは本気で仕事に打ち込んでみてはどうか**」とアドバイスしているのです。すると、仕事の面白さが分かってきて、好きな仕事に変わっていく。そうであれば「青い鳥」

を求めて転職を繰り返すより、今ある「**仕事を好きになる努力**」をするほうが合理的だというわけです。

どんな仕事にも大きな意義があり、尊い価値がある

このように、目の前にある「**仕事を好きになる努力**」が不可欠になるのですが、その思いを持ち続けるために必要なことは、稲盛さんがそうであったように、自分の仕事の意義や価値を見出すことです。「**世の中に不要なものは何もない。すべてに価値がある**」と稲盛さんが教えているように、どんな仕事にも素晴らしい意義や価値があるはずであり、それに気付くことが大切になるのです。

稲盛さんが松風工業で自分の専門外のセラミックの研究開発に熱意を持って打ち込み続けることができたのは、そこに大きな意義や価値を見出したこともあります。稲盛さんが開発したのはテレビを構成する多くの部品の中でも安価で小さな絶縁部品でした。他の会社の技術者は、その意義や価値を見出せず、結果として関心を持てなかったので、開発は進んでいませんでした。

しかし、稲盛さんはそこに「日本のエレクトロニクス産業の発展に貢献できる」と

いう大きな意義を見出し、高いモチベーションを維持することができたのです。「**どんな仕事にも社会的に大きな意義があり、尊い価値がある**」と稲盛さんは話しています。それを見出せるかどうかで、仕事に取り組む姿勢は大きく変わってくるのです。

以前、小さな塗装業を営んでいる経営者が「塗装業は、きつい、汚い、危険の３Ｋの仕事なので、社員のモチベーションが上がらないばかりか、すぐに辞めてしまって困っています。どうしたらいいでしょうか？」と稲盛さんに質問したことがあります。それに対して稲盛さんは、こんなふうに答えています。

「あなた自身が塗装業の意義を分かってないのではないか。たとえば、十五年で錆びてしまう鉄橋があったとすれば、十年おきにペンキを塗り替えることで五十年持つようになるかもしれない。その意味では、塗装業は地球環境に貢献できる社会的に大きな意義のある素晴らしい仕事ではないか。まずあなた自身が自分の仕事の意義を見出し、それを誇りに思い、社員に伝えなければいけない」

私はそれを聞いて感銘を受けました。

稲盛さんが言うように、世の中に意義のない仕事があるはずはありません。必ず、何かしら社会に役立っているはずです。その意義を見つけること、そして、上司はその意義を部下に伝えることが重要なのです。

稲盛さんはこうも伝えています。

「努力を続けることは苦痛を伴うかもしれないが、努力の大切さ、意義を教えることで、その成果に喜びが生まれる」

それでも、どうしても今の仕事が好きになれないというときは、その理由を自問自答したらいいのではないでしょうか。自分の心の奥底を覗《のぞ》いてみると、「もっと楽な仕事があるはずだ」とか、「なんのために働いているのか分からない」といった答えが見つかるかもしれません。それを冷静な目で分析し、「なぜそう思うのだろう」と少し深く考えてみると、結局は、仕事の意義も価値も分からないまま、単にそこから逃げようとしているだけかもしれません。

パワハラやセクハラが横行するような職場は別ですが、そこから逃げたいというような動機で転職するより、今の仕事を好きになる努力をし、意義を見出し、本気で真剣に取り組んでみたらどうでしょうか。

稲盛さんは、**「自分こそが自分の人生の作り手です」**と教えています。たった一回しかない貴重な人生です。しかも、自分の心は自分のものであり、自分でしか変えられません。今の仕事を好きになれるかどうかは、自分次第なのです。そして、間違いなく自分が「**人生というドラマの主人公**」なのですから、自分で主体的に仕事を好きになる努力をし、その意義や価値を見出すべきなのです。

そうすれば、稲盛さんが「**仕事に惚れる、仕事が好きになる、だから打ち込むことも続けることもできる**」と教えているように、仕事が面白くなり、自然と本気で頑張ろうと思うようになります。すると成果も出て、周りの人から喜ばれ評価されるようになり、さらに仕事が面白くなるという好循環が始まるのです。

哲学なき人生は錨のない船と同じ

稲盛さんは、自分の生き方を律する確固たる哲学を持つことの大切さをいろいろな言葉で表現しています。哲学というと少し大げさに思えるかもしれません。判断基準、考え方、信念、生きる指針と呼んでいいでしょう。

その一つに、「**哲学のない人生は、錨《いかり》のない船のようなもの。どこに行くか分からない**」という言葉があります。哲学を持たずに歩む人生は、錨のない船が潮の流れに任せて漂流するようなものであり、行き先が定かではないというのです。

するとどうなるのかというと、確たる生きる指針がないわけですから、いつも流行を追うような生き方をし、「こちらの水はうまいぞ」と誘われると、ついそっちに行ってしまう。また別の人が「こっちのほうがもっとうまいぞ」と誘惑すると、またそれに乗ってしまうようになるというのです。

経営者であれば、「この事業が儲かる」と聞けば、なるほどと乗ってしまい、アナリストから「こうすれば株価が上がる」と言われると、何も考えずに、言われるがままの対応をしてしまうのです。人生であれ、経営であれ、いつもフラフラと「不易流行」の「流行」に乗ろうとしていると、どんな人生、どんな経営を目指しているのか分からなくなります。結果として、いつも漂流してしまうことになると稲盛さんは警告しているのです。

また、そのような人間に対して、**「悪魔はニコニコ顔でやってくる。哲学がないとそれに乗り、失敗してしまう」**と忠告もしています。ネット上では、「こうすれば簡単に健康になれる」「こうすればすぐに儲かる」といった情報があふれています。それにもっともらしいデータの裏付けや著名な人たちの推薦などが付随していると、つい信じてしまいます。それこそが悪魔の誘いなのですが、確固たる人生観や哲学がないと、それを信じてしまうかもしれません。

油断していると、リアルな世界でも、「あなたは選ばれた方なので特別なサービスをします」「こんなに儲かるビジネスはありません。特別に紹介します」とニコニコ顔をした悪魔から誘いを受けることがあるかもしれません。仕事の取引先から、「あなたほど優秀な人はいない」とおだてられ、ルールを越えた接待を受けたり、付け届けをもらうこともあるかもしれません。それらも悪魔の誘いなのです。

経営者になれば、悪魔はさらに甘いささやきで近づいてきます。「素晴らしい経営手腕をお持ちだから」「誰よりも人徳があるから」と持ち上げ、「特別にこの投資案件を紹介します」とニコニコ顔で寄ってきます。

当然、悪魔は一人だけとは限りません。隙を見せると次から次へと「なるほど」というようなうまい話が舞い込んできます。自分に確固たる判断基準がなく、欲に目が眩《くら》んでしまうと、それに乗ってしまい錨のない船のように漂流してしまうと稲盛さんは警鐘を鳴らしているのです。

私は、稲盛さんが外部の方と会食する際に同席する機会がよくありました。話を聞いていると、中には、稲盛さんの歓心を買おうと妙に持ち上げる人もいました。稲盛さんは静かに聞いているのですが、会食が終わったあと、「あんな人間には気をつけろよ」と注意を受けたこともあります。悪魔のささやきかもしれないというのです。

そんな稲盛さんですから、京セラにとって有利な提案や儲け話を持ってくる人がいても、「そんなうまい話があるはずはないだろう。本当に儲かるなら自分でやればいいじゃないか」と即座に断っていました。

人生を漂流させないためにも、悪魔のささやきに負けないためにも、確固たる生きる指針、哲学を身につけるべきなのです。

言行が一致しなければ価値はない

では、人生を漂流させないための錨になるような考え方・判断基準・哲学とは、どのようなものなのでしょうか。それはそれほど難しいことではなく、自分にとって正しいことではなく誰から見ても正しいこと、つまり**「人間として正しいこと」**だと稲盛さんは教えています。

具体的には、子供の頃、親や学校の先生から教えてもらった**「やっていいこと、悪いこと」**を思い出せばいいというのです。たとえば、**「嘘をつくな」「正直であれ」「人のために役立ちなさい」「一生懸命努力しなさい」「弱いものをいじめるな」「欲張るな」**という初歩的な道徳律のようなものだと説明しています。

これらはすべて当たり前のことであり、それを間違っているという人はいないでしょう。しかし、このような当たり前のことを常に実行できているかと言えば、自信のない人がほとんどではないでしょうか。

親しい友人に問題があると分かっていても、嫌われたくないから正直に言えない。早起きしますと約束をしても、つい寝坊をして言い訳を探す。もっとお金が欲しい、もっといい服が欲しいとねだってしまう。電車やバスにお年寄りが乗ってきても、気が付かないふりをして席を譲らない……。人間として正しい生き方は知っていても、つい自分本位になってしまう。私を含め、そのような人が多いのではないでしょうか。

稲盛さんは**「真理は単純なもの、しかし実行は難しい。でも、実行しないと価値はない」**と教えています。この「真理」は「哲学」と言い換えてもいいでしょう。真理や哲学は言葉にすれば単純なものですが、実行するのは難しい。でも実行しないと価値はない。当たり前ですが、言行は一致していなければ価値はないのです。

歴史的に見ても、成功した人に共通していることは、嘘偽りがなく、安易な妥協もせず、誠実であり、言行一致していて、礼節もわきまえているというようなことが挙げられると思います。つまり、常に人間として正しい判断をし、行動しているのです。

そのような人物は、最初は、融通も利かない変わった人間だと敬遠されるかもしれません。しかし、成功しても驕《おご》らず、失敗しても落ち込まず、常に言行は一致し、真面目に一生懸命に生きているので、いつの間にか誰からも信頼され、尊敬されるようになり、結局は大きな成功を遂げることができるようになるのです。

稲盛さんが言うように、人生の真理は単純なものです。しかし、人間の心は弱く、常に実行することは難しいのが現実でしょう。それでも、真理を知っていても実行しないとなんの価値はないのです。

「謙虚さは魔除けだ」——謙のみ福を受く

真理を実行するそのときに大事なのが「謙虚さ」です。私は**「謙虚さはお守りのようなものだ」**と稲盛さんから教えてもらいました。

それは、私が稲盛さんの秘書になった最初の頃のことです。稲盛さんはいつものように大変忙しく、私は会長室で一緒に昼ごはんのうどんを食べていました。私は、近くに置いてあった七味唐辛子をうどんにかけ、そのままにしていました。すると突然、稲盛さんから**「なぜ俺に渡さないんだ。謙虚さがなくなったんじゃないか？　謙虚さ**

は魔除けだぞ」と叱られたのです。

他人への思いやりがなくなったのは、謙虚さがなくなったからで、謙虚さがなくなると誰も協力してくれなくなる。謙虚さがなくなり、少しでも自分は偉いと思ってしまうと判断も甘くなり、結局は失敗してしまう。だから「**謙虚さは魔除けだ**」と教えてもらったのです。

いくら、人生のあり方を学んでいても、謙虚さを失えばそれに反した行動を平気でしてしまい、悪魔のささやきにも乗ってしまうというのです。私は、そのとき初めて謙虚であることが自分を守るうえでも大切であることを学び、納得できたように思います。

逆境に陥ったとき、それは自分の至らなさが招いた結果だと謙虚にとらえ、反省し、それに真正面から立ち向かう。もし、ニコニコ顔でやってきた悪魔から「助けてあげよう」と誘われようとも、そんな甘い話があるはずはないと、険しくてもまっとうな道を選ぶ。順境のときは、それは自分に能力があったからではなく皆が協力してくれた結果だと謙虚にとらえ、さらに努力をしようと思う。そのような考え方が必要なのです。

その謙虚さの中で一番大切なことは、自分の心の弱さを素直に認めることではないでしょうか。

自分の心は弱いので、いくらあるべき姿を知っていても、成功したら有頂天になって判断を誤るかもしれない。失敗したら、人生を否定的に見るようになって判断を誤るかもしれない。自分の心はそんなに弱いのだから、それを謙虚に認め、どんな状況に置かれようと変わることのない哲学を持たなければならないと努力を続けることが大切なのです。

その謙虚さをなくし、自分の心は強く判断を誤るはずはないという傲慢《ごうまん》さがあれば、いつかニコニコ顔でやってくる悪魔の餌食《えじき》となってしまいます。稲盛さんは「**謙のみ福を受く**」という中国の格言を紹介していましたが、これも同じ意味だと思うのです。

3 成長の原理

成功して驕らず、失敗して落ち込まず——平常心が大事

確固たる哲学を持ち、一所懸命努力して一日一日を精一杯生きていても、それでも失敗することがあるのが人生です。そのときに、**「この失敗は神様が与えた試練だから、乗り越えたら、素晴らしい人生が待っている」**と前向きに考えることができるか、それとも**「こんなに頑張っているのに失敗するのはどうしてなんだ。社会がおかしいじゃないか」**と思うかで、人生は大きく変わると稲盛さんは語っています。

すでに述べたように、稲盛さんは、子供の頃の自らの体験に重ねて**「人生は心に思ったことが現象として表れる」**ことを確信しました。さらには、師と仰ぐ京都・円福寺の西片擔雪老師から**因果応報、善因善果、悪因悪果**という人生の決まり事を教えてもらいました。

そのことから、どんな厳しい環境に置かれても**「常に明るく前向きに、夢と希望を抱いて素直な心」**が大切であり、**「成功して驕らず、失敗して落ち込まず」**という姿

勢を忘れてはならないと私たちに伝え、その反対に**「思いの中に不安や恐怖心があれば必ず失敗する」**と警鐘を鳴らしています。

そのためには**「平常心が大事だ」**と稲盛さんは言います。どんなに忙しくても、たとえ体調が悪くもて、さらに言えば、どんな逆境に置かれても、成功しても、心が乱れることのない平常心が大事だというのです。

そうは言っても、次から次に思いがけないことが起こり、計画したように物事が進まなければ、心はそれに反応して落ち込んだり、荒れ狂ってしまうことさえあります。

稲盛さんは**「そういう喜怒哀楽も大事だから、それがいけないというわけではない」**と否定はしません。しかし、いつまでもそれを引きずって心が不安定では、判断を誤ってしまう。だから、できるだけ早く平常心に戻るように努め、心が穏やかになったときに判断をしなければならないと教えています。

ただ、自分の心がどのような状況にあるのかは、自分でもすぐには分からないものです。それを知るために必要なのが、**「反省ある毎日を送る」**ことだと稲盛さんは語っています。

稲盛さん自身、毎朝、洗面をする際に、前日の自分を振り返り、反省することを習慣としていました。そして、平常心を失い、何か人間としておかしな言動をしていたことに気が付くと「神様ごめんなさい」と声を出して謝っていたそうです。その結果、「たくさん間違った判断をしてきたが、すぐに修正してきた」とも率直に話していました。

また、こんな言葉も残しています。

「人間は人の心は見ようとするが、自分の心は見ようとしない。自分の心を一皮むけば、低次元のくだらないことを思い描いている。それを反省し、理性で戒めなければならない」

政治家がよく口にするような表面的な反省ではなく、心の奥底に何があるのかを確認したうえでの心からの反省でなければ意味はないということです。

それに加えて、「感性的な悩みをしない」ことも心を落ち着かせ、平常心を保つためには大切だと教えています。

「心の悩みをくよくよといつまでも持ち続けないことが大事です。現世では頭を悩ますようなことはいくらでも起きてきます。そんなことにとらわれるより毎日を明るく前向きに一生懸命生きることのほうが大切なのです」「そうすれば必ず運命は開かれていきます」と稲盛さんは諭しているのです。

「ミスをして迷惑をかけてしまった」「親しい友人と喧嘩してしまった」「約束を破られた」というようなことは日常茶飯に起こります。それで気落ちしてくよくよしても、何も解決しません。むしろ、それで悩み続けていると健康を害してしまうかもしれません。反省すべきは反省し、「覆水盆に返らず」というように、終わったことは仕方ないと忘れて、すぐに明るく前向きに一生懸命生きるべきなのです。

このように心がけることで平常心が保てる。つまり、**「一生懸命生きて安心立命できる」**のだと稲盛さんは教えているのです。

何事にも動じず、物事を深く考える――深沈厚重なるは第一等の資質

私が、最初に平常心の大切さを痛感したのは、稲盛さんが胃がんになったときです。それは稲盛さんが六十五歳のときでした。その数週間前から、稲盛さんは食事後、胃が痛むと言って胃薬を飲むようになっていました。たまたまその年は人間ドックでの検診が遅れていましたので、私は人間ドックにすぐに行くことを勧め、そこで胃がんが見つかりました。

稲盛さんはそのことを知ると少し驚いたようですが、入院するまでは予定通り仕事

をすると話し、動ずることはありませんでした。手術では胃の三分の二ほどを摘出したのですが、そのとき進行性のがんであることも分かり、手術が遅れると大変なことになっていた可能性もあったそうです。しかし、それも冗談のように明るく話していました。

胃がんの手術は難しいものではないのですが、回復は思わしくありません。あとで縫合がうまくいっていないことが分かり、結局、入院は一か月余りの長期になりました。その数か月後、稲盛さんは胃がんの手術時に予定していた得度をし、術後十分に体力も回復していない身体で仏門に入り、厳しい修行を始めます。

その修行が終わると、従来のように精力的に仕事をするようになるのですが、その翌年、腸閉塞《へいそく》を起こし、また一か月ほど入院します。その一年後には、出張先の南米で腸閉塞を再発させ、緊急帰国をして入院します。

このように、命にかかわるような病に短期間で三回も罹り、入退院を繰り返すのですが、それでも常に自然体で、取り乱すことは全くありませんでした。それを見て私は、平常心とはこういうことかと感じたのです。

私が二度目に平常心の大切さを痛感したのは、稲盛さんがＪＡＬ再建に関わったときです。稲盛さんの会長就任が発表されると、七十八歳と高齢で航空業界に素人の稲盛さんを会長に据えたこと自体がおかしいとの批判が巻き起こりました。

そもそもマスコミは、巨額の赤字決算が続き、組合問題や安全問題を抱えるＪＡＬの再建は誰が経営者になろうとできるはずはないと断言していました。その中には、稲盛さんは功名心で会長を引き受けたのだろうが、最後に貧乏くじを引き、晩節を汚し、それまで築き上げた名声もすべてなくしてしまうだろうとの報道もありました。会長就任を固辞し続けたにもかかわらず、政府からの強い要請を受けて会長に就任せざる得なくなった稲盛さんにとっては極めて不本意な報道です。

しかし、それに動ずることは全くありませんでした。ＪＡＬに着任した当初は、社内の人たちの視線も冷たいものでした。「誰も心を許して話してくれない」「四面楚歌とはこういうものか」と私に嘆いていたこともありましたが、そのような深い谷底に落とされたような逆境の中でも、稲盛さんは焦ることもおもねることもなく、平常心を失うことはありませんでした。

名経営者としての評価を失うと危惧されても、マスコミから厳しく批判されても、社員から冷たい視線を浴びても、会長として常に明るく前向きに振る舞い、経営判断もブレることはありませんでした。その折々の言動や判断は社員を安心させ、活気づかせました。一緒に再建に取り組むことになった私自身も当時は不安に思うことばかりでしたので、いつもと変わらぬ稲盛さんの姿を見て、勇気づけられていました。

稲盛さんはよく中国古典の『呻吟語《しんぎんご》』の中にある「**深沈厚重《しんちんこうじゅう》なるは、これ第一等の資質**」という言葉を引用し、何事にも動じず、物事を深く考えられることが人間として一番大事な資質だと話していました。それは、平常心を持つということとほとんど同義語であり、稲盛さんの生き方に近いと思うのです。

成功方程式――人生・仕事の結果＝考え方×熱意×能力

「どのような人生を送るべきか」――その答えを端的に示しているのが、稲盛さんの**成功方程式**です。

稲盛さんの秘書になった最初の頃、ある講演会の冒頭で稲盛さんは「**世の中には運のいい人、悪い人がいますが、どうすれば運がよくなるかを、つまり、どうすればよく生きられるかを今日はお話ししたい**」と語り、成功方程式について話を始めました。

私は成功方程式のことは知っていましたが、そのとき初めて、成功方程式は運をよくする方程式でもあると教えてもらい、改めて感銘を受けながら聞いていました。

今ではよく知られるようになっていますが、稲盛さんの成功方程式とは

人生・仕事の結果＝考え方×熱意×能力

というものです。

稲盛さんは、人生や仕事の結果は、この方程式にあるように「**考え方**」「**熱意**」「**能力**」という三つの要素の「足し算」ではなく「掛け算」で決まると説明しています。

この三つの要素のうち、「**能力**」は多分に先天的なものであり、知能や健康などがこれにあたります。そして、この「能力」には0点から100点まであるとします。

次に、この「能力」に「**熱意**」という要素が掛かってきます。「熱意」も、やる気の全くない無気力な人間から、燃えるような情熱を抱いて懸命に努力する人間まで、やはり0点から100点まであるとします。

たとえば、健康で優秀で「能力」が90点という人が自分の能力を過信して努力を怠るならば、「熱意」は30点ぐらいでしょう。すると、「能力」90点に「熱意」30点を掛けるので、結果は2700点となります。一方、自分の「能力」は人並みで60点ぐらいだろうと思い、誰よりも頑張ろうと情熱を燃やし、ひたすら努力を続ける人がいるとします。その「熱意」を90点とするなら、「能力」60点に「熱意」90点を掛けて、結果は5400点となります。つまり、先の有能な人物と比べて倍の結果を残すこと

ができるのです。

このように、たとえ平凡な能力しか持っていなくても、熱意を持って努力を続ければ大きな成功を収めることが可能になることを、この方程式は教えています。

しかし、大事なことは、ここに「**考え方**」が掛かってくることです。「能力」や「熱意」と違って、「考え方」にはマイナス100点からプラス100点までの大きな幅があります。これがこの方程式で最も重要なところであり、人生・仕事の結果を良くしようと思えば、「考え方」を高めなくてはならないことを示しています。

どんなに厳しい環境になっても、あるいは成功を収めたとしても、悲観的になったり傲慢になったりせず、プラスの「考え方」を持ち、維持しなくてはならないのです。なぜならば、「能力」が高ければ高いほど、また「熱意」が強ければ強いほど、「考え方」によって、人生や仕事の結果は大きく異なってしまうからです。そのような、どのような環境になっても変わらない「考え方」を稲盛さんは「**哲学**」と表現しています。

この「考え方」の大切さを示す例は、枚挙にいとまがありません。ちょっとした挫折に遭遇し、人生を諦めるようなマイナスの「考え方」になった人もいます。成功し栄華を極めたような人が、「考え方」がマイナスになった結果、傲慢になり、没落してしまうケースも後を絶ちません。

過去には、「能力」に恵まれ、「熱意」もある高級官僚が、最後に「考え方」を間違い、国家に損害を与えただけでなく、自分の人生や仕事の結果も無残になった例もあります。日産を再建されたカルロス・ゴーンさんも、恐らく、最後に「考え方」を間違ったのだろうと思います。

常にプラスの考え方ができるように心を高める

では、どのような「**考え方**」を持つべきなのでしょうか。稲盛さんはそれを「**人間として正しい考え方**」と表現しています。それは何かといえば、先ほども紹介したように子供の頃に親や学校の先生から教えてもらった、「**やっていいこと、悪いこと**」であり、「**嘘をつくな**」「**正直であれ**」「**人のために役立ちなさい**」「**一生懸命努力しなさい**」「**弱いものをいじめるな**」「**欲張るな**」といった初歩的な道徳律のようなものです。

その究極にあるのが**純粋な善き思い・利他の心・無償の愛**と呼ばれるものです。別な表現にすれば、稲盛さんの人生哲学でもある「**世のため人のために尽くす**」や、座右の銘でもある「**敬天愛人**」という言葉で表されるものです。

しかし、問題なのは、「考え方」にはマイナス100点からプラス100点まであると表現されているように、幅が広くしかも変わりやすいことです。実際に、正しい考え方を知っていてもそれを常に実践するのは難しいものです。

私自身もそうですが、ちょっと油断すると心の中は妄想・邪心のようなもので一杯になります。何か約束をしても、それが守れないと分かれば、すぐに言い訳を探します。誰かが褒められると嫉妬し、選択肢があれば何も考えずに楽で得なほうを選びます。そして、思い通りにならないと不平不満を口にし、弱みを見せまいと怒りを爆発させることもあります。


このように、ほとんどの人間は、いくら正しい考え方が大事だと分かっても、すぐにマイナスの考え方になってしまう弱さを持っています。なぜでしょうか。稲盛さんは、生命を維持し子孫を残すために必要な食欲などの欲望や他者から自分を守るための怒りなどは、本能として生まれたときから私たちの心の中にビルトインされているからだと説明しています。

ですから、正しい考え方を持ち続けることは難しく、特に私たち凡人の考え方は箇単にプラスからマイナスに変わってしまいます。そして「考え方」が少しでもマイナスに振れると、いくら「能力」が高く、「熱意」を持っていても、人生は悪い方向へ一気に進んでしまい、それまでの努力さえ無駄になってしまいます。それほど人生は厳しいものだということも、この方程式は教えているのです。

このように、「考え方」とは極めて大事なので、稲盛さんは、繰り返し、どんな環境に置かれようと、揺らぐことのない哲学にまで自分の「考え方」を高めなければならないと教えているのです。

それが、稲盛さんがよく話をする**「心を高め続けなければならない」**ということなのですが、現実の社会では、心を高めようと必死になって努力をしている人間は少ないのではないでしょうか。知識としては正しい考え方を知っていても、それを哲学にまで高め、ブレることのない判断基準にしている人はあまりいないように思います。

特に組織の中では、とにかく上司が正しいと思っている人、前例さえ踏襲すればいいと思っている人、利益さえ上げれば何をしてもいいと思っている人も少なくないように思います。それが企業不祥事がなくならない原因でもあると思うのです。

さらに、考え方は年齢や経験を重ねれば自然に高まるとか、男性のほうが女性よりも、また、大人のほうが若者よりも正しい考え方を持っていると思い込んでいる人もいるかもしれません。

しかし、それは全くの誤解でしかないでしょう。歴史書を読んでも、また現実の社会を見ても、年を重ねるごとに、処世術には長けても、自己本位になり、妬み・恨み・嫉みというものが抑えきれなくなった人物がたくさん登場しています。

一方で、若くても、理想を語り、正義感に燃え、節度のある生き方をする人も多いように感じます。女性と話をすると、その純粋な考え方に学ぶこともたくさんあります。当たり前ですが、「考え方」は年齢を重ねれば自然に高まるものではありません。自分の意志でしか、高めることはできないのです。

稲盛さんが繰り返し説いているように、人生においては「考え方」を高める、つまり「心を高めよう」という努力こそが重要であり、年齢や性別に関係なく、そのような努力をしている人を評価すべきなのです。

「努力している自分が好き」――強く持続した願望を持つ

このように「考え方」はとても大事なのですが、いくら正しい「考え方」を持っていたとしても、実践が伴わなければ価値はありません。そのために必要なのが、「熱

意」です。「熱意」はすべての行動の原動力になります。

しかし、その「熱意」も0点から100点まであるというように、変わりやすいものです。

実際、世の中には、最初は強烈な情熱を持って一生懸命に努力しても、ちょっとした困難に直面するとすぐに弱気になり、「熱意」を失う人もいます。逆に、少しの成功で有頂天になり、目的は達成したと「熱意」をなくし、努力しなくなる人もいます。

このように「熱意」が何かの機会にあっという間に下がり、人生や仕事の結果も当初の期待とは大きく違ったものになることもよくあるのです。

そうならないためにはどうすればいいのか。稲盛さんは、**「潜在意識にまで透徹するほどの強く持続した願望を持つべきだ」**と強調しています。

当然ですが本当の熱意があれば、努力するようになります。稲盛さんは、自然界では生きとし生けるものすべてが少しでも長く生き延び、少しでも多くの子孫を残そうと必死に努力していると指摘し、人間だけがその例外であるはずはないのだから、同じように努力すべきだと教えています。

また、自分の半生を振り返り、**「幸運から見放されていると思ったので、努力しか**

ないと思うようになった」と語り、**「努力しない人が成長できるはずはない。これは基本」**だから**「コツコツと努力しないと大成しない」**し、そもそも成功するには**「独立自尊、自助努力しかない」**と諭しています。

さらには**「必死で生きることが美しい」**と語り、**「一生懸命働いて初めて分かることがある」**と、分かりやすい言葉で努力の大切さを伝えています。

私は、稲盛さんの**「努力している自分が好き」**というシンプルな言葉に感銘を受けました。稲盛さんは「考え方」、つまり「哲学」が重要だと強調していますが、それと同じように「熱意」や「努力」の大切さも訴えているのです。

「人間の無限の可能性を追求する」――自分を信じて挑戦する

成功方程式の最後の要素は「**能力**」です。稲盛さんは、「能力」とは先天的に与えられていると説明する一方で、**「人間の無限の可能性を追求する」**という話もしています。

稲盛さんは自身が「天才的な経営者」と言われることを嫌い、**「人間には誰でも無限の可能性があるのだから、努力さえすれば、誰でも自分のようになれる」**とよく話をしていました。自分や家族、また職場の同僚や部下など、誰にでも「無限の可能性がある」ことを信じ、夢に向かって努力をすることが大切であり、そのような思いが必ず自分や組織の成長につながると教えているのです。

この**「誰にでも無限の可能性がある」**という考え方は、稲盛さんの謙虚な人柄を表しているだけでなく、その人間観・人間愛を示しているようにも感じます。

これは「京セラフィロソフィ」の中に「人間の無限の可能性を追求する」として収められています。私の好きなフィロソフィの一つですので、紹介したいと思います。

「仕事において新しいことを成し遂げられる人は、自分の可能性を信じることのできる人です。現在の能力をもって『できる、できない』を判断してしまっては、新しいことや困難なことなどできるはずはありません。人間の能力は、努力し続けることによって無限に拡《ひろ》がるのです。

何かをしようとするとき、まず『人間の能力は無限である』ということを信じ、『何としても成し遂げたい』という強い願望で努力を続けることです。ゼロからスタートした京セラが世界のトップメーカーになったのは、まさにこのことの証

明です。

常に自分自身のもつ無限の可能性を信じ、勇気をもって挑戦するという姿勢が大切です」

（サンマーク出版『京セラフィロソフィ』より）

さて、この「能力」という要素には「考え方」や「熱意」とは違う特徴があります。それは身体能力であれ、知的能力であれ、そのレベルは外部からもよく分かり、しかも比較的安定しているという点です。そのため、私たちはある程度の能力を身につければ良い人生が送れると期待し、少しでも高い学歴や資格を得ようとします。また、そのような人を評価するのではないでしょうか。

一方で、「考え方」や「熱意」は「心」の中にあり、外からは分かりません。さらに、繰り返し説明しているように、人間の「心」は極めて弱く、「考え方」は油断するとマイナスになってしまうという恐ろしい現実もあり、「熱意」は、場合によってはなくなってしまうことさえあります。しかも、そうした変化には自分でもなかなか気が付きません。

そのため「考え方」や「熱意」はあてにならないと軽視してしまいがちです。しかし実際は、心の中にあって外からは分からない「考え方」や「熱意」が人生では非常に重要であり、それを高めようという努力こそが大切であることを成功方程式は教えているのです。

ハードもソフトも劣化するが、ヒューマンウェアは向上する

繰り返し説明しているように、稲盛さんの前半生は挫折に満ちていました。稲盛さん自身、**「自分の半生は挫折だらけであり、宝くじを買っても、絶対に当たらないという自信があったほどだ」**と自分の前半生を振り返り、**「能力もないことも、運が悪いことも分かっている」**と語っているほどです。しかし、**「それでも良い人生を送りたかった。それにはどうしたらいいのか。悩み続けた結果、思いついたのがこの成功方程式なんだ」**と話していました。

もし、稲盛さんが「どうせ俺は運に見放されている」「うまくいかないのは社会が悪いからだ」「だから夢も希望も持てるはずはない」と人生を諦めていたら、この方程式は生まれなかったでしょう。苦境にあえぎながら「それでも良い人生を送りたい」と強く思い、悩み苦しむ中で生み出したのが成功方程式なのです。

この成功方程式は稲盛さんの著書などで広く知られることになり、多くの人に生きる力と勇気を与え続けていますが、その最大の受益者はＪＡＬでしょう。ＪＡＬの再建においては、成功方程式をベースとしたＪＡＬフィロソフィが手帳にまとめられ、全社員に配られました。社員の方々はそれを素直に学び、身につけ、実践に努めました。その結果、バラバラだった会社に強い一体感が生まれ、慇懃無礼《いんぎんぶれい》と言われたサービスも心のこもったものに変わり、文句を言い合うのではなく助け合う文化が生まれ、ＪＡＬの再建は奇跡的なスピードで進んでいきました。社員の心が変わり、行動が変わり、それに従い、実績も変わってＪＡＬの再建は成就したのです。

その心の変化について、ある幹部は、再建二年目のＪＡＬフィロソフィ勉強会の冒頭で次のような挨拶をしました。

「ＪＡＬはハードウェアもソフトウェアも古くて二流かもしれません。しかし私たちは今、最強のヒューマンウェアを持っています。だから強くなれたのです。フィロソフィを教えてもらって心から感謝しています」

それを聞いて、ＪＡＬで意識改革を担当した私は素直に感動しました。ＪＡＬは短期間で高収益企業に変わりました。しかし、物理的な環境は倒産当時と何も変わっていません。機材は古く二流のままでした。ＩＴ化も遅れていて二流のままでした。では、どうしてＪＡＬは短期間で高収益に変わったのだろうと振り返ったとき、変わったのは「自分たちの心だけだ」ということに気が付いたというのです。

心が変わり、社風が変わり、ＪＡＬは変わり、業績は飛躍的に良くなりました。「フィロソフィを教えてもらって心から感謝している」という言葉には、そうした実感がこもっているのです。

考えてみると当たり前ですが、目に見える機材や設備などのハードウェアは時間が経つと必ず劣化します。ソフトウェアも時間が経つとあっという間に陳腐化してしまいます。しかし、ヒューマンウェア、つまり人間の心は、いくら時間が経っても磨き続けていれば必ず高まっていくのです。

倒産という大変厳しい環境の中で会社員がＪＡＬフィロソフィを、つまり成功方程式を一生懸命学び、考え方と熱意を高めたことがＪＡＬの奇跡的なスピードでの再生につながったのです。

稲盛さんは、**「一流のスポーツマンでさえ、練習を怠るとすぐにケガをしてしまうように、人間の心もフィロソフィを学び続けないとすぐに劣化してしまう」**と指摘しています。心を高め、維持するためには、不断の努力が欠かせないのです。ですから、ＪＡＬでは、再建が成功したあともフィロソフィ教育を熱心に続け、その結果、好業績を続けているのです。

「人間として何が正しいか」を判断基準にする

ＪＡＬで意識改革を進める中で、私は「どのフィロソフィが好きですか」とＣＡ（客室乗務員）の方に聞いたことがあります。すると、その方は「**人間として何が正しいかで判断する**」と答えました。それを聞いて私は少し驚き、理由を尋ねました。

彼女はこう答えました。「それまでは、何か迷うとマニュアルを確認するか、上司に相談するしか方法はありませんでした。しかし、ＪＡＬフィロソフィで人間として何が正しいかで判断すればいいと教えてもらい、できるだけ自分で判断するようにしたら、責任感が出てくるだけでなく、お客様にも喜ばれ、仕事も楽しくなりました」と。

ややもするとフィロソフィは堅苦しく思われがちですが、実は、社員を信じ、やりがいを持たせ、仕事を楽しくさせるものなのです。それをＪＡＬの方が実感していることを知り、意識改革を担当した人間として素直にうれしかったことを覚えています。

成功方程式とは、「**人生・仕事の結果＝考え方×熱意×能力**」というシンプルなものですが、それが人生の真理を表現していることは、誰でも実感できるのではないでしょうか。そして、JALの幹部の方が話したように、ヒューマンウェア、つまり考え方や熱意を高める努力を続ければ、人生・仕事の結果は自然と良くなっていくのです。

心からの笑顔を作る——人間の成長を象徴するもの

稲盛さんは、JALのCAの方々に**「心から出てくる笑顔でお客様に接しなくてはならない」「いつも笑顔でいることは利他行でもある」**と教えていました。心からの笑顔は周りを明るくし、元気を与えます。ですから、誰にでもできる利他だというのです。

加えて、**「幸せを感じて、喜びを感じて、自分に対して、生きていることに対して、毎日感謝して暮らす」**ことが大事だと語り、**「どんな逆境も自分の成長になると感謝することが大切だ」「感謝があるかないかで人生が変わる。できるだけ感謝の言葉を口にすべきだ」**と諭していました。

心からの笑顔は、感謝の思いがなければ出てきません。ネガティブな思い、つまり不平不満や妬みや嫉みが少しでもあれば決して出てこないのです。ですから、倒産という厳しい環境の中でさえ、「それは自分を成長させるチャンスだ」と感謝をして、心からの笑顔でお客様に接することができるようになってほしいと伝えたのです。

さらに、稲盛さんが**「感謝の心は徳に向かっていく」**と教えています。感謝すればするほど心は磨かれ、人間的にも成長できるのです。

残念ながら倒産直前までＪＡＬのサービスはマニュアルに従うことを優先していたため、その笑顔は作り笑いでしかなく、慇懃無礼だと批判されていました。同じ笑顔でも、周りを明るくし、お客様に元気を与えることはできていなかったのです。

しかし、ＪＡＬの方々がＪＡＬフィロソフィを学び、心からの笑顔でお客様に接するようになると、「ＪＡＬのサービスは断然良くなった。心がこもっている」と評価されるようになり、それにつれてお客様も増えていきました。

これはＪＡＬに限らないでしょう。誰もが笑顔が大切なことはよく分かっているのですが、時によって機嫌を取るための愛想笑い、誰かを茶化し傷つけるような薄ら笑い、誰かを打ち負かしたときの高笑い、怒りを隠すようなひきつった笑いなどに出会うことがあります。しかし、同じ笑顔でも、それでは周りの人を和ませ、明るくすることができないばかりか、一瞬のうちに雰囲気を壊し、相手のやる気を奪ってしまうことさえあるのです。

笑顔ならなんでもいいのではなく、稲盛さんが教えているように、感謝の気持ちを伴った純粋な心からの笑顔でなければならないのです。そうすることで、人間関係もよくなり、職場の雰囲気も変わり、よりよい人生が送れるようになると稲盛さんは私たちを温かく諭しているのです。

常に誠実であること——良心を持って明るく素直にコツコツと努力する

稲盛さんは揮毫《きごう》を頼まれると**「至誠」**と書くことがよくありました。また、二宮尊徳の**「至誠の感ずるところ、天地もこれがために動く」**という言葉もよく紹介していました。至誠とは稲盛さんの生き方そのもののように私は感じています。

誠実という言葉はとても響きがいいので私たちは軽い気持ちで使うのですが、誠実とは言行が常に一致していることなので、これほど実践が難しい生き方はありません。

実際、何かを約束しても、百%守れているかと言えばそうではなく、すぐに言い訳を探してしまうこともあります。仕事でも、慣れてくると「このくらいはいいだろう」と手を抜きたくなるものです。それは言行が一致していない、誠実とは言えない生き方です。しかし、残念ながら、それが私たちの実態ではないでしょうか。

私が三十七歳のとき、稲盛さんは政府の諮問機関である第三次行政改革審議会の部会長に就任しました。その際、私は稲盛さんから突然〝特命秘書〟に指名され、近くで仕事をするようになりました。そのとき、「なるほど、誠実とはこういうことを言うのか」と驚いたことがいくつもありました。

当時より、稲盛さんは既に世界的にも高く評価されている経営者でした。そのこともあり、私は稲盛さんに対して、次から次へと大胆な決断をし、幹部を従わしめているようなイメージを持っていました。しかし実際は、毎日、京セラや第二電電（現KDDI）の幹部などから届く膨大な報告書に丁寧に目を通し、問題があれば指摘するというような地道な仕事ばかりでした。会社で読む時間がないときは、山のような資料を自宅に持って帰ることもありました。

社内の打ち合わせをしても、報告内容を丁寧に聞き、一方的な指示をすることはありませんでした。社外の人が相談に来るときも、余計な話は一切せず、相手の話をじっと聞き、分からないことは単刀直入に質問をして、誤解を与えることがないように「良い」「悪い」をはっきり伝えていました。

このような誠実な姿勢はＪＡＬでも同じでした。夜遅くなっても分厚い業績報告書やお客様からの手紙などをホテルに持ち帰り、丁寧に読んでいました。

誠実な仕事とは**「良心を持って、明るく素直にコツコツと努力をする」**ことだと稲盛さんが話していたこともあります。稲盛さんのそのような仕事に対する誠実な姿勢は、京セラ創業以来、いくら成功を重ねようと全く変わっていないのです。

稲盛さんは**「経営とは小さな判断の積み重ねで、そこで一つでも判断ミスをしてはならないんだ」**とよく話していました。そのためには**「有意注意で判断力を磨く」**ことが必要だとも説明していました。どんな小さなことでも意識を集中して判断するという誠実に生きる習慣を日頃から身につけていなければ、大きな判断ができるはずはないというのです。

誠実ということで稲盛さんから学んだことの一つに、どんな小さな約束でも守るということがあります。

私は、稲盛さんと一緒に要人の方たちと会食をする機会が頻繁にあったのですが、会食をした翌日、稲盛さんから「昨日はお酒も入って盛り上がったけど、何か約束していなかったか」と聞かれることがよくありました。私が「こんな話で盛り上がりましたが、酒の席ですので気にしなくていいのではないですか」と答えると、「**とんでもない。酒の席であろうとなかろうと、どんな小さな約束でも、絶対に守らなくてはなんだ」「どんなに地位が上がっても、どんな些細《ささい》な約束でも守らなくてはならないんだ**」と厳しい表情で注意されたことがあります。それ以来、忘れっぽい私は、酒席ではいつもメモ帳を手元に置くようになりました。

稲盛さんは、人間として正しいことで最も大事なことは「**約束を守ることだ**」といつも話していました。当たり前といえば当たり前なのですが、地位が上がると何か言い訳を見つけて、平気で、場合によっては堂々と、約束を破る人もいます。それでいて、なぜ信頼されないのかと悩んでいるのです。

稲盛さんは、どんな小さな約束でも必ず守ろうとしていました。ですから、社会への約束は絶対に履行しなくてはならないと考えていました。例えば、業績予想にしても、稲盛さんが京セラやＫＤＤＩ、そしてＪＡＬで実質的なトップであったときは、下方修正することはほとんどありませんでした。それが経営者としての稲盛さんの評価を高めていったのです。

稲盛さんは、ＪＡＬ会長に就任するときに、誰もが再建は不可能と断じる中で、「三年間で再生させます」と約束しました。そして、その約束を守ったことで稲盛さんの評価は不動のものになったのです。

稲盛さんの「**良心を持って明るく素直にコツコツと努力をする**」という誠実な仕事の進め方と「**どんな些細な約束でも守らなくてはならないんだ**」という誠実な生き方の積み重ねが「至誠の感ずるところ、天地もこれが為に動く」という二宮尊徳の言葉の通りに天地を動かし、京セラやKDDIの成功、そしてJALの再建につながったと思うのです。

では、私たち凡人が誠実に生きるためにはどうしたらいいのでしょうか。それは何も難しいことではありません。稲盛さんが教え、実践していたように、良心に従ってコツコツと努力を続け、どんな小さな約束であろうと必ず守るようにすればいいのです。そのような当たり前のことを愚直に目指すことで、いつしか誠実な人だと評価されるようになるのではないでしょうか。

第2章

リーダーのあるべき姿

「心がよくなると、よい人間になる。よい人間が集まれば、よい会社になれる。よい会社になると業績もよくなる。だから心をよくできる人がトップになるべきだ」

1 リーダーのあり方

リーダーが組織の盛衰を決める

稲盛さんは、「**一国は一人を以て興《おこ》り、一人を以て亡《ほろ》ぶ**」という中国の古典にある言葉を引用しながら、国であれ、企業であれ、リーダーがその盛衰を決めるのだから、リーダーは自らの責任の重さを自覚すべきだと常に語っていました。そして「**組織は生き物ではないので、トップが命を与えて初めて動き出す**」「**経営トップほど苦痛を伴う仕事はないが、そうしないと組織は活性化しない**」と語り、リーダーにはどんな苦労を厭《いと》わない覚悟が必要であることを訴えていました。

加えて、どんな組織でも実質的には人間の集合体でしかないので「**社員のやる気を起こすことができる、意識を変えられる人がトップになる**」とリーダーの役割を明確に示し、低迷している企業に対しては、「**緊張感もバイタリティもない弛緩《しかん》した組織ではトップが安逸をむさぼっている**」と警告をしています。

このように稲盛さんはリーダーの責任の重さ、役割の大きさが深く分かっていたので、いろいろな角度からリーダーのあり方について言及しています。ここでは、その代表的な言葉を紹介したいと思います。

まず、リーダーが持つべき人間性については、こう語っています。

「リーダーは集団を助けるもの。人が喜ぶ姿を見て喜べる人間性が必要」

「部下を成長させるのがリーダーの仕事、部下の成長がリーダーの成長」

「リーダーは自己犠牲を強いられる。それに耐えられなければダメだ」

「一番損な役割を果たせる人がリーダーになるべき」

このように、リーダーは、利己心を徹底的に排除し、利他的な人でなければ務められないと強調しています。これが稲盛さんのリーダー論の基本になります。

さらに、**「人をまとめるのは権力ではない徳だ。徳とは仁と義、正直、誠実、努力、感謝、優しさ、勇気という言葉で表せるもので、嘘や不平不満がないことでもある」**と語り、**「リーダーは公平無私、心が高まってなければ人心はつかめない」**と自らの人間性を高め、人心をつかむことの大切さについても言及しています。

また別の角度からは、**「リーダーは悩む人でなければならない。もし神なら天ならどう判断するか」**と問い、自分から離れてより高い視点から物事を判断できるようになるべきだと指摘しています。

潜在意識に透徹するほどの強く持続した願望を持つ

このような高い人間性を持っていることを前提にして、リーダーにまず必要なことは、どうしても事業を成長させたいという情熱を持つことだと稲盛さんは言います。それは、稲盛さんの代表的な著書の一つのタイトルが『成功への情熱』（ＰＨＰ研究所刊）であることからも明らかです。

稲盛さんの言う情熱とは、単に「こうなればいいな」という程度のものではありません。それは潜在意識の中にビルトインされるほど寝ても覚めても四六時中頭から離れない、また、どんなに厳しい状況になろうと決して変わらない強烈で持続した願望です。ちょっと環境が変わったからといって、すぐに諦めるような願望ではダメなのです。

稲盛さん自身がその重要性を改めて学んだのは、京セラ創業後に中村天風氏の『研心抄』という本の中で**「新しい計画の成就はただ不屈《ふくつ》不撓《ふとう》の一心にあり、さらばひたむきにただ想え、気高く強く一筋に」**という言葉に出会ったときだと話していました。

新しいことを成すには、どんな逆境にも負けない不屈不撓の精神、ひたすらで、崇高で、気高く強い思いが不可欠だというのです。

稲盛さんはＪＡＬ着任後の最初の会議で、この言葉を紹介しました。初めは言葉の意味をよく理解してもらえなかったのですが、徐々に浸透し、数か月後には**「新しい計画の成就はただ不屈不撓の一心にあり、さらばひたむきにただ想え、気高く強く一筋に」**と書かれたポスターが社内のいたるところに貼られ、社内報の表紙を飾るなど、再建の合言葉にもなりました。

私はある幹部の方が自分のパソコンの下に「不撓不屈」と書かれた手製のシールを貼っているのを見つけ、本気度を感じました。言葉には力があるのです。

稲盛さんは、ゼロから京セラを立ち上げ、ＮＴＴに立ち向かうために徒手空拳で第二電電（現ＫＤＤＩ）を創業し、嵐のような逆風の中でＪＡＬの再建を成功させました。そのような稲盛さんから見ると、現在の日本経済の低迷は歯がゆいものでした。

「経済状況も物理的環境もよくなったのに、なぜ低成長、低収益になるのか。何が変わったのか。変わったのは心ではないか」――稲盛さんはそう問いかけています。そして、**「経営者に燃えるような情熱がないことが日本の産業界の衰退の原因だ」**と語り、**「経営者に情熱がないために、社員にもやる気が生まれてないのだ」**と指摘していました。

その指摘は正鵠《せいこく》を射ていました。アメリカのギャラップ社が二〇二〇年に実施した企業の意識調査によると、日本企業には「熱意あふれる社員」の割合が僅《わず》か五％しかいないというのです。これは米国三十四％、中国十七％、韓国十二％と比べても大幅に低く、世界で最下位レベルです。それが日本経済低迷の根本的な要因だと分析しているのですが、稲盛さんは皮膚感覚でそれが分かっていたのです。

稲盛さんには、社員の意識は上司の写し絵でしかないという確信がありました。上司に熱意がないのに部下だけが燃えているようなことはあり得ないというのです。

先ほどの**成功方程式**に照らしていえば、日本人は真面目であり「**考え方**」はしっかりしています。個々人の「**能力**」も高いはずです。社会インフラなどの物理的条件も他国に劣ってはいません。ただ、社員の「**熱意**」だけが徹底的に劣ってしまっているのです。

その社員の「熱意」は上司の写し絵なので、冷めた上司が「いくら高めろ」と言っても決して高まるものではありません。社員は上司を見て仕事をしているので、まずは経営トップが**燃えるような情熱**や**不屈不撓の一心**を行動で示すことが不可欠なのです。社員の熱意が高まらないのであれば、それは経営者の情熱・エネルギーが不足しているからに他ならないのです。どんな高級車でもガス欠では走れません。経営者はガソリン、つまりエネルギーを社員に注入し続けなければ、社員は立ち止まってしまいます。

そうであれば、日本経済を復活させる最良の方法は、稲盛さんが指摘するように、経営者がまず**潜在意識に透徹するほどの強く持続した願望**を持ち、社員の先頭に立って社員にエネルギーを注入し続けることです。それができる経営者なのかどうかが、今、問われているのではないでしょうか。

社員の心に火を点ける——不燃性の人はいない

JALの再建は、そのことを明白に示しています。稲盛さんが倒産したJALに着任した当時、経営幹部は意気消沈し「絶対に再建を成功させる」という潜在意識に透徹するほどの強く持続した願望を持っている人は皆無でした。

そのような中で稲盛さんは、JAL再建には「日本経済に役立つ」「社員の雇用を守れる」「競争を通じてお客様の利便性を維持できる」という三つの大義があると語り、先の「新しい計画の成就はただ不屈不撓の一心にあり、さらばひたむきにただ想え、気高く強く一筋に」という言葉を紹介したのです。

その後は、稲盛さん自身が不屈不撓の一心で再建に取り組んだのですが、その手法は決して強引なものでも、性急に結果を求めるものではありませんでした。機会があるごとにフィロソフィを諄々《じゅんじゅん》と説き、会議やリーダー教育の中では、経営の目的や仕事の意義、リーダーのあるべき姿や役割、また数字で経営することの大切さ等を説き続けました。

当時のメディアからは、そんな悠長なことで再建ができるはずはないと批判されました。しかし、一見迂遠《うえん》に思えるような方法でしたが、それによって幹部の心に火が点き、その火は燎原《りょうげん》の炎のように全社に広がり、ＪＡＬは熱意あふれる集団に変わっていったのです。

そのことを稲盛さんは「**社員の心に火が点いた**」と表現していましたが、ＪＡＬは燃える集団となり、わずか三年という奇跡的なスピードで再建は成し遂げられたのです。

当時八十歳になっていた稲盛さんは「**自分が燃えていて、相手の心に火を点けるのが最高の経営だ**」と話していました。情熱に年齢は関係ないのです。

ＪＡＬ再建が想像を超えるスピードで進んでいた二年目の六月、私は稲盛さんから一枚の手書きメモをもらいました。そこには**「不燃性の人はいないのではないか」**と書かれていました。

稲盛さんは**「物に自燃性、可燃性、不燃性とあるように、人間にも自燃性、可燃性、不燃性の人がいる」**とよく話していました。つまり、組織の中には不燃性の人がいることを認めていたのです。実際に、再建当初、マスコミは「ＪＡＬには慇懃無礼《いんぎんぶれい》で冷め切った人しかいない、だから再建は不可能だ」と批判していました。しかし、再建から二年が経過し、燃える集団に変わったＪＡＬを見て、稲盛さんは**「不燃性の人はいないのではないか」**と考えを改めたのです。それは稲盛さんにとっても新たな発見だったのでしょう。

どんな組織でも、リーダー次第で、全員の心に火を点けることも燃える集団にすることもできる。ＪＡＬ再建はそのことを明確に示しているのです。

リーダーは哲学を確立し、堅守しなくてはいけない

一方で、稲盛さんは、「**強烈な情熱や闘争心は、限界を超えたら自分自身や部下、集団を破壊してしまう危険がある。だからこそ、心を高め、哲学を持つ必要がある**」とも教えています。これは稲盛さんの若いときの経験をもとにした警告でもあります。

稲盛さんは、最初に就職した松風《しょうふう》工業で研究に打ち込み、素晴らしい実績を上げ、会社に多大な貢献をしました。しかし、最終的には、新任の上司から「君の能力ではこれまで」と担当から外されてしまいます。それは稲盛さんにとっては大きな屈辱であり、「なにくそ」という反骨心を生みました。そして、「絶対に見返してやろう」という気概を持って、七人の同志とともに「稲盛和夫の技術を世に問う」という見方によっては利己的とも言える思いで京セラを創業しました。創業メンバーも「その通りだ」と献身的に頑張ってくれました。

稲盛さんの強烈な願望と創業のメンバーの懸命な努力により、創業直後から京セラの業績は順調に推移し、二年目には初めての定期採用で十一名の高卒新入社員が入社します。稲盛さんは、彼らも当然自分たちの強烈な願望は理解してもらえると期待し

ていましたが、実際は違いました。入社から一年が経過した頃、「将来にわたって自分たちの生活を保障してほしい、それでなければ皆辞める」と言い出したのです。

つまり、そのときの稲盛さんの強烈な願望は限界を超えており、組織を壊しそうになっていたのです。それに気が付いた稲盛さんは考えを改め、経営の目的を「稲盛和夫の技術を世に問う」から**「全従業員の物心両面の幸せを追求する」**に変えます。稲盛さんは、経営においては強烈な願望に加えて、利他的な経営哲学が不可欠だと体得したのです。

それ以降、稲盛さんはこの経営理念をどんなことがあっても守ろうとし、京セラだけでなく、KDDIやJALでも貫きました。

それが本気かどうか、疑い深いメディアの人は確認したかったのだろうと思います。あるテレビ局の取材の際、インタビュアーが「明日、会社が倒産するかもしれないという場面に遭遇した場合に、理念にはちょっと反することに手を出してしまうようなこともあるのではないか」と意地悪い質問をしました。

取材に同席していた私は、ずいぶん失礼なことを聞くなと思っていたのですが、稲盛さんは嫌な顔一つせず、**「どんな事情があろうと、理念に反することはしてはならんのです」**と答えました。さらには**「理念を曲げるくらいなら、従業員ごと会社がつ**

ぶれなければいけません」と断言し、**「会社が理念を曲げてまで生き延びても、意味がないんです」**と毅然《きぜん》と答えました。

当たり前の回答かもしれませんが、私は、自らの理念と哲学に反することは絶対してはならない、言行は絶対に一致させなければならないという稲盛さんの強い意志を改めて感じ、だからこそ稲盛さんの経営は成功を続けているのだと確信をしました。

リーダーは、確固たる自分の生き方、経営の対する姿勢、判断基準、つまり、哲学を確立することが必要なのです。そして、それをどんな環境にあろうと堅守することで、組織を守り、発展させていくことができるのです。

「例外というルールはない」──どんなときでも規則に従う

同じような趣旨で、稲盛さんは**「例外というルールはない」**とも教えています。どの会社でも、経営理念や経営哲学をベースに、また他社の事例を参考にしながら、内規を含めて自分たちで社内規則を作り、それを基準に社員は日々の仕事をしています。

稲盛さんは、そこに決して例外を認めてはならないと厳しく戒めているのです。それは何か思いがけない事態に遭遇した場合も同じです。たとえば、今すぐ受諾すれば必ず儲かるというようなチャンスが来ても、きちんと決められた社内手続きを経なければなりません。また、世間に知られたら糾弾されそうな問題が出てきたときでも決して隠すことなくルールに従って公表すべきだというのです。

それは、「特別なお客様だから」「社長の身内だから」というような場合も一緒です。一度でも例外を認めると、次から次へと例外だらけになって、みんなが好き勝手なことをするようになってしまいかねないからです。さらには、「上手に例外を作る人＝偉い人」、つまり超法規的な措置ができる人が偉くなってしまい、そのような人が特権階級となり、ルールを破ることを誰もが不自然に思わなくなってしまうからです。

そうなると、組織はいずれ崩壊し、経営も破綻《はたん》してしまいます。その典型が昨今の企業不祥事や政治家の資金管理の問題なのではないでしょうか。

自分の欲で成功しても、決して永続しない

なぜ簡単に例外を認めるような風潮が生まれるのかという問いに対して、稲盛さんは、「**哲学を持っているリーダーが少なくなっているからだ**」と断言しています。リーダーが、どんな環境に置かれようと決して揺らぐことのない哲学を持ってさえいれ

ば例外が生まれるはずはないのですが、そのようなリーダーが少なくなっているというのです。では、なぜ少なくなっているのか。それは「**哲学を持っていると世渡りがしにくい。だから哲学のないリーダーが増える**」と稲盛さんは答えています。

哲学のある人は、そもそもどんな例外も認めません。儲け話が来ても、「自分の哲学に合わないから」と断ります。いくら成功しても、「誰にも負けない努力をしよう」と遊びにもほとんど付き合いません。当然、身内や創業のメンバーを特別扱いすることもありません。

このように、哲学があると誰にも迎合しないので世渡りがしにくくなる。それが怖いので、融通を利かすのが大人の対応だと勘違いして、哲学のない例外を簡単に認めるリーダーが増えている。その結果として、経営を低迷させるだけでなく、不祥事を生んでいるというのです。

哲学という錨《いかり》のない人生では一生漂流したままであり、たとえ一時期成功しても決して長続きはしません。稲盛さんは「**自分の欲で成功しても、相手、社会に対して敵を作ることになる。それでは十年、二十年と永続しない**」とも指摘しています。

私たちは、子供の頃から「ルールや約束は守りなさい」と教えられ、その大切さはよく知っています。それにもかかわらず、大人になり、地位を得た人が、世渡りがしにくそうだからと周りの評価を気にし、さらには自分の利益を優先し、結果として、時と場合によって判断を変えてしまう人もいます。そのような生き方を選ぶのか。それとも確固たる哲学を築き、それを貫くような生き方を目指すのか。どちらを選ぶかで人生の結果は大きく変わると稲盛さんは教えているのです。

フィロソフィは社員の幸福を実現させるためにある

ここまで稲盛さんの言葉を紹介し、自分の哲学、つまりフィロソフィを確立し、それを全社員と共有することの大切さについて述べてきました。そこで注意しなければならないのは、社員と共有すべきフィロソフィとは決して会社の実績を良くするためのものではなく、経営の目的、つまり**「全従業員の物心両面の幸せを追求する」**ためのものでなければならないということです。

稲盛さん自身、**「フィロソフィはあくまでも社員の幸福を実現させるためのもの」**であり、**「それを、社員をうまく働かせるため、自分に従わせるため、業績を上げる道具と少しでも思えば、決して社員の共感を得ることはできず、浸透もしない」**と警鐘を鳴らしています。

リーダーは、事業を絶対成功させようという強烈な願望を持たなくてはなりません。しかし、これまでも説明してきているように願望が強烈なだけでは社員は決してついてきてくれません。その目的はあくまでも社員の幸せのためでなくてはならず、その方法は「人間として正しいもの」でなくてはならないのです。

ですから、リーダーとなる人は、まず社員を幸せにしたいという強烈で持続的な願望を持ち、その願望を実現するために事業があることを理解しなければなりません。それを勘違いして事業の成功を優先してしまうと、すぐに社員に見透かされ、フィロソフィが浸透することはないと稲盛さんは注意を喚起しているのです。

だからこそ、稲盛さんは「**動機善なりや、私心なかりしか**」という言葉を残したのです。自分の考えやフィロソフィがなかなか社員に浸透しないと感じているリーダーは、この点を厳しく自問自答すべきではないでしょうか。

2 リーダーの条件

周囲を明るくできるのがリーダー

強烈な願望を持ち、社員の幸せのために全力を尽くす。そのような姿勢がなければ、社員の心を一つにまとめ、結果として事業を発展させることはできません。一方で、いくら努力していても、そこに悲壮感が漂っていては、社員はついてきてくれません。

稲盛さんは**「周囲を明るくできるのがリーダー」**だと教えています。なぜなら、**「リーダーが明るく振る舞えば、その集団は明るくなり、前向きに物事を考えられるようになる」**からです。

これは経営の鉄則です。どんな逆境に追い込まれたとしても、リーダーが弱音を吐いたり暗くなってはならないのです。稲盛さんは**「特に逆境のときにこそ、リーダーは部下に希望を抱かせ、夢を持たせるようなことを話していくべきだ」**と語り、経営環境が突然悪くなったとしても**「ぼやく人、不平不満を言う人は、それだけで経営者として失格」**と厳しく指摘しています。**「経営者に暗さがあってはダメだ。どんな逆境になろうと、無理にでも前向きな明るさが不可欠なんだ」**と教えているのです。

景気が低迷し始め、業績が悪くなったときには、社員も当然そのことは知っていて、不安を感じているはずです。そこでリーダーが「景気が落ち込んでいるから仕方ない」とぼやいたら、部下も「そうだ、自分たちのせいではない」と思ってしまうでしょう。一方で、「大丈夫だ」と話していても暗い表情をしていては、士気が上がるはずはありません。そんなときにこそ、「このくらいの苦境は必ず乗り越えられる」と無理にでも明るく振る舞い、部下を安心させることが必要なのです。

優しくなければ生きていく資格がない

稲盛さんは作家のレイモンド・チャンドラーが小説で使っていた「**強くなければ生きていけない。優しくなければ生きていく資格がない**」という言葉を引用して、優しさ、思いやりの大切さを強調していました。しかし私たちは、優しいフリはできても、本当に相手のことを思いやり、優しく接することはなかなかできません。なぜなら、相手を思いやるためには、自分だけがよければいいという利己心を払拭《ふっしょく》し、自己犠牲を払ってでも相手に尽くすことができなければならないからです。

経営者としての稲盛さんは常に厳しい姿勢で臨む強いリーダーというイメージがありますが、私は優しさも際立っていると感じています。

こんなエピソードがあります。京セラの創業間もない頃に、工場近くの琵琶湖にみんなで泳ぎに行ったそうです。そのときに、泳げない人が一人しょんぼりしていると、稲盛さんは彼を背中におぶって泳いだそうです。その人は稲盛さんの背中の上で、その優しさに感激し、涙を出して泣いてしまったというのです。

子供を背負って泳ぐこともなかなかできないのに、体形が自分と同じような大人を背負って泳ぐのは体力的にもかなりの負担だったでしょう。それを少しも顔にも出さずに泳いでくれたというので、その人は稲盛さんの本当の優しさに触れ、感激して涙を流したのでしょう。その後、その人は京セラの経営幹部になり、京セラの成長を支えていきました。

私はこんな光景を見たこともあります。稲盛さんに厳しく叱られたある幹部が落ち込んでいました。稲盛さんはその日の夕方、彼を食事に誘い、私も一緒に行くことになりました。その幹部は、食事の席でも叱られるのではないかとビクビクしていたのですが、稲盛さんは「ここはうまいぞ」と言うなり、彼に料理を振る舞いました。その優しさの中に「期待しているぞ」という思いが隠れていることが私にも分かりました。言うまでもありませんが、その人はすぐに元気を取り戻し、活躍していったのです。

私にも、こんな思い出があります。秘書になった最初の頃、稲盛さんが私をある大企業のトップに紹介したときのことです。稲盛さんから「名刺を渡しなさい」と言われたのですが、いくら探しても出てきません。

私は頭の中が真っ白になり、「ありません」と伝えました。すると、稲盛さんは「そうか」と言うと、自分の名刺の稲盛と書いてあるところにボールペンで二重線を引き、大田と書いて、「これを渡しなさい」と言うのです。稲盛さんは内心、「名刺を忘れるとはなんと出来の悪い秘書なんだ」と怒り、また落胆していたでしょう。しかし、そんな表情はおくびにも出さず、とっさに私の失敗をフォローしてくれたのです。帰りに謝ると「これからは気をつけなさい」の一言で終わりました。その優しさに私は胸を打たれ、絶対に期待を裏切ってはならないと強く思ったのです。

私は、その後三十年弱、稲盛さんの近くで働くという幸運に恵まれたのですが、厳しいというより、思いやりにあふれる優しい上司だったという思い出のほうがはるかに多いように感じています。

本書でこれまで紹介した稲盛さんの多くの言葉も優しさにあふれています。稲盛さんに接したことのある社員の多くは、「稲盛さんに叱られたからではなく、稲盛さんの優しさに引かれて、稲盛さんの期待に応えようと頑張ってきた」と話していました。

レイモンド・チャンドラーが言うように、人間は「**強くなければ生きていけない**」のですが、それだけでは人がついてくるはずもなく、組織をまとめることができるはずもありません。なぜなら「**優しくなければ生きていく資格がない**」からです。

稲盛さんは「**強い者と弱い者がいるのは当然、だから優しさが必要だ**」とも話していました。どんな組織であれ、うまくいっている人とそうでない人がいます。本当の優しさとは、成果はなかなか上げられないけれど真面目に一生懸命頑張っている人、思いもよらない困難に直面している人、弱い人に向けられるべきであり、それで全体のバランスが取れるということを稲盛さんは教えているのです。

「自分を律せないのに、他人を律せるのか？」――本当の哲学を身につける

あるとき、稲盛さんが一人の幹部に「**自分を律せないのに、他人を律せるのか？**」という問いかけをし、さらに「**自分がいいかげんなくせに部下がだらしないと怒るけれど、それはお前の真似をしているんだ**」と注意をしている様子を見て、ハッとしたことを覚えています。私に向かって発せられた言葉ではないのですが、私の言動にまさに当てはまっていると感じ、恥ずかしくなってしまったのです。

稲盛さんは故郷の鹿児島に残る「島津日新公いろは歌」にある「**いにしえの道を聞きても唱えても　わが行いにせずばかひ（かい）なし**」という和歌や、安岡正篤《まさひろ》さんの「**知識**」「**見識**」「**胆識**」という言葉を紹介し、リーダーがいかに多くのことを知っ

ていても「胆識」がなく、実践できなければ意味がないと強調していました。

多くのことを学び、「知識」や「見識」があることはリーダーの前提条件です。それなくしての実行力は蛮勇でしかありません。しかし、せっかく多くを学んでも、実践しなければ価値はないというのです。

そのこともあり、稲盛さんは、フィロソフィをベースとした経営をする際の注意点として、**「フィロソフィが空念仏になっては意味がない」「フィロソフィが言葉遊びになってはいけない」**と警鐘を鳴らしています。また、**「わが行いにせずばかはならない」**と注意をしています。なぜなら、フィロソフィを**「わが行いを方便で使っていなし」**なのであり、**「社内にフィロソフィへの不信感が少しでもあれば、経営はうまくいかない」**からです。

稲盛さんから学んだ経営を実践しようとして、社内でフィロソフィを作り、それを全社員に伝え、毎日唱和するなどして共有に努めている企業もたくさんあると思います。しかし、その中にはトップがフィロソフィを語っていても、本気で実践しようとしていないケースもあるかもしれません。つまり、空念仏になり、自分を律していないのです。これでは価値はありません。

また、「このフィロソフィはこんな解釈もできる」と評論家のように言葉遊びをしたり、「感謝する心」や「素直な心が大事だ」と説明するときに自分に「感謝」をするように仕向けたり、自分の指示を文句も言わずに従うことが「素直」だと方便で使うケースもあるかもしれません。それではいくら素晴らしい経営理念を掲げ、フィロソフィを作ったとしても、社内にはフィロソフィへの不信感が生まれ、経営はうまくいかなくなると稲盛さんは指摘しているのです。

繰り返し説明しているように、フィロソフィとは社員が幸せな人生を送るための基本的な考え方です。それは人間として「**やっていいこと、悪いこと**」を基準とした、たとえば、「**嘘をつくな**」「**正直であれ**」「**人のために役立ちなさい**」「**一生懸命努力しなさい**」「**弱いものをいじめるな**」「**欲張るな**」という初歩的な道徳律のようなものです。つまり、誰が見ても分かる、普遍的に正しいことなのです。だからこそ、まずは経営者自身がフィロソフィで自分を律することが不可欠になるのです。

残念ながら、最近の政治家や企業不祥事のニュースを聞くと、優秀で博識で弁が立っても、胆識のない、自分を律せないリーダーが増えているように感じられます。ただ、それを他人ごとにするのではなく、稲盛さんが言うように「**自分を律せないのに、他人を律せるのか？**」と自問自答を繰り返し、せっかく身につけた哲学やフィロソフィを「**わが行いにする**」ことがリーダーには求められているのではないでしょうか。

リーダーは生き方に美意識を持たなくてはいけない

なぜ、自分を律せないリーダーが増えるのか。稲盛さんは、その原因の一つに美意識という視点もあると教えています。「『言っている』ことと『行い』が違えば、恥ずかしいという美意識が大事になってくる」というのです。そして、その美意識を高めるには「自分の仕事に対する誇りがなければならない」とも指摘しています。

人の上に立つリーダーに、「自分は部下から信頼され、尊敬される存在である」という誇りがあれば、「言っている」ことと「行い」が違えば恥ずかしいという美意識が生まれ、どうしても自分を律しようと努力するはずだと稲盛さんは言うのです。

一方、単なる権力欲でリーダーになっている人であれば、その地位を守ることが目的になっているので、「言っている」ことと「行い」が違っても恥ずかしいとは思わないと言うのです。それでも当面はリーダーの地位は守れるかもしれませんが、そのような誠実さがないリーダーは信頼も尊敬されないので、いつかその地位から追われることになるのです。

仕事に美意識を持つことは、リーダーに限らず誰にでも同じように大切でしょう。

自分の仕事は「世の中に役に立っている」「自分は尊い仕事をしている」という誇りがあれば、誰からも文句を言われないような完璧な仕事をしたいという美意識が生まれ、そのために自分を律しようとする思いが強くなるはずです。そのような人が、いつしか多くの人から信頼を得、また尊敬されるようになるのです。

「フィロソフィを信じているから、フィロソフィが使える」

ここで問われるのは、リーダーがフィロソフィに準じた生き方が正しいと心から信じているかどうかです。稲盛さんは「**フィロソフィを信じているから、フィロソフィが使える**」と言い、「**人の心とフィロソフィを信じているかどうかで結果は全く違う**」とも力説しています。

それではフィロソフィを信じられるようになるためにはどうしたらいいのでしょうか。稲盛さんは「**繰り返し繰り返し学べば、心にしみてくる**」と語り、「**心で思うことと頭で思うことは違う**」「**頭から心の中にしみ込んだものだけ使える**」と教えています。つまり、フィロソフィを心か信じられるようになるためには、繰り返し学ぶことが大事だというのです。そして、「**フィロソフィを繰り返し学び、心にしみ込ませ**

れば、人格が変わる。それは運命に反映される」と指摘しています。

先に述べたように、フィロソフィとは初歩的な道徳律のようなものであり、誰から見ても普遍的に正しい生き方だと稲盛さんは教えています。しかし、人間の心は弱く、それさえ百％は実践できないのが現実です。だからと言って、それで諦めてしまっては人間として、リーダーとして成長できるはずはありません。

フィロソフィを心から信じられるようになるためには、読書などを通じて人間としてあるべき姿を愚直に学び続けるという地道な自助努力が不可欠になるのです。稲盛さん自身、「**自分は、誰から見ても正しい生き方はまだ百％できないけれど、それを目指して努力をしていこうとまず思うことが大切だ**」と率直に語っています。その努力を重ねる中で、フィロソフィが心にしみてきて、フィロソフィを使えることができるようになるのです。

リーダーに求められる五つの条件

あるとき、稲盛さんが大学生や若い社会人が集まった場でリーダーの条件を話す機会がありました。そこで稲盛さんは、リーダーになったら次のような五つの質問を自問自答すべきだと話しました。

- 人の心が読めますか？
- 部下から好かれていますか？
- 人の心の苦しみ、楽しみが分かりますか？
- 部下に嫌なことでも命令できますか？
- 数字が分かりますか？

とても分かりやすい内容でしたので、私は稲盛さんの話を聞きながら、「なるほど、ベーシックかもしれないが、これがリーダーの条件だ」と素直に感銘を受け、これこそが稲盛さんのリーダー論の原点なのではないのかと感じました。

そして、この五つの条件は、稲盛さんの若いときの経験から生まれたものだという思いも生まれてきました。

繰り返しになりますが、稲盛さんは、最初に就職した松風工業で研究に打ち込み、素晴らしい実績を出し、会社に多大の貢献をしましたが、最終的には新しい技術開発がうまくいかず、新任の上司から「君の能力ではこれまで」と担当から外されてしまいます。大きな屈辱を受けた稲盛さんは反骨心を燃やし、「絶対に見返してやろう」という気概を抱いて七人の同志と「稲盛和夫の技術を世に問う」ために京セラを創業しました。そのとき稲盛さんには、京セラが成功すればこれまで苦労を掛けた両親や家族にも恩返しができるという思いもあったと言います。

業績は順調に推移し、二年目には初めての定期採用として十一名の高卒の新入社員が入社します。稲盛さんは、彼らも自分たち創業メンバーの思いを分かってくれるだろうと期待していましたが、入社一年後に、彼らは「将来にわたって自分たちの生活を保障してほしい、それでなければ皆辞める」と言い出しました。

それを聞いたとき、稲盛さんは驚きました。しかし、よく考えると赤の他人である彼らが「稲盛和夫の技術を世に問う」ために頑張ってくれるはずはありません。しかも、稲盛さん自身には、社員より親孝行のほうが大事だという思いがあったのですから、なおさらです。

このとき稲盛さんは、自分が独りよがりで「人の心が読めず」、新入社員から「好かれてもいず」、新入社員の「心の苦しみも、楽しみも分かっていなかった」ことに気が付いたのではないでしょうか。

当初は、彼ら全員が辞めたとしても新しい社員を採用すればいいと考えたそうです。

しかし、「稲盛和夫の技術を世に問う」という利己的な目的を掲げ、社員よりは自分の親兄弟を優先するような考え方では、きっと同じような結果になってしまうだろう。それでは、いつまでたっても京セラを成長させることも、自分の技術を世に問うことも、親孝行もできなくなる。どうしたらいいのだろうと、稲盛さんは一か月ほど悩み苦しみました。

その結果、**「全従業員の物心両面の幸福を追求すると同時に、人類、社会の進歩発展に貢献する」**という経営理念を作り、経営の目的を利己的なものから利他的なものに変えたのです。

これが、稲盛さんの経営者としての器を一気に大きくする契機となりました。稲盛さん自身、**「全従業員の物心両面の幸福を追求する」**という経営理念があり、自分は全従業員の幸福の実現のために必死に努力しているという自信があったので、**「部下に嫌なことも命令できるようになった」**と話していました。

リーダーは数字が読めなくてはいけない

先に挙げた五つの質問の最後にある**「数字が分かりますか？」**という問いは、経営において具体論がいかに大事かを教えています。つまり、経営者は人の心が読めるだけでなく、数字も読めなければならないのです。

これも稲盛さんの京セラ創業時の経験から生まれた言葉でしょう。技術者であった稲盛さんは、京セラ創業当初、経理も会計も何も分からなかったと言います。それでは経営はできないと心配になり、当時の経理部長に教えを請い、また独学でも学び、専門家にも負けないくらいの会計知識を身につけるのです。

その内容を記したのが稲盛さんのベストセラーの一つである『稲盛和夫の実学』(日経ビジネス人文庫)です。本の帯に**「会計がわからんで経営ができるか！」**とあるように、経営者は「数字が分かる」ことが不可欠なのです。

稲盛さんが若い聴衆に投げかけた**「人の心が読めますか?」「部下から好かれていますか?」「人の心の苦しみ、楽しみが分かりますか?」「部下に嫌なことでも命令できますか?」「数字が分かりますか?」**という五つの質問は、稲盛さん自身の若いときの経験から生まれたものであり、だからこそ説得力があるのだと私は感じ、感銘を受けたのです。

この人についていきたいと「惚れられる」ほどの求心力が必要

稲盛さんは、子供の頃からリーダーシップもあるガキ大将でしたが、自分の〝子分たち〟の気持ちがいつも揺れ動いていることも知っていました。昨日まで仲よく遊んでいた仲間が急に来なくなり、寂しい思いもよくしたので、**「仲間が離れていかないか、いつも心配していた」**と率直に話しています。

もともと寂しがり屋でもある稲盛さんは、仲間が離れていくことが本当に嫌だったので、自分のおやつを仲間に分けてあげたり、遊ぶときは不満が出ないように、できるだけ公平に役割を決めたりと、自分のグループを守るための気配りを欠かさなかったそうです。

そのような原体験もあり、稲盛さんは、京セラ創業当初より社員の気持ちが移ろいやすいことをよく理解し、それを前提として、どうしたら求心力を高め、維持できるか、いつも細心の注意を払っていたのです。

あるとき、こんなことがありました。幹部社員とのコンパがあり、稲盛さんはカラオケを歌ったり、冗談を言ったりして、とても楽しそうにしていました。帰りの車の中で「今日のコンパは盛り上がって楽しかったですね」と私が聞くと、**「いや、俺はみんなに気を遣ってしんどかった」**と答え、続けて、**「社員の気持ちが自分から離れて求心力がなくなったら、俺はただのおっさんだから」**と語ったのです。

その数年前にも同じようなことがありました。京セラ海外子会社の外国籍の幹部たちと食事に行くことになっていたのですが、その日はとても疲れているように見えました。私が「無理はしなくてはいいのではないですか」と伝えると、**「いや、そうしないと求心力は保てないから」**と言われました。

誰よりも求心力のあるカリスマ経営者と評価されていた稲盛さんがそんなことを言うので、私は意外に感じました。しかし、逆に言えば、いつまでもそのような気遣いができるから求心力を維持できたのかもしれません。たとえ稲盛さんであろうと、それを忘れ、少しでも偉ぶり傲慢《ごうまん》に振る舞っていたら、強い求心力もあっという間になくなってしまったでしょう。そのことを誰よりも、稲盛さん自身が分かっていたのだと思います。

稲盛さんは、リーダーに最も大事なことは強い求心力だといつも話していました。それは、いつまでもこの人についていきたいと**「惚れられる」**ほどの求心力でなくてはならず、**「経営者は求心力に始まって、求心力で終わる」**とも強調していました。

いくら才能あふれる人が経営トップになっても、人望もなく、裏では軽蔑され嫌われていたら、何を言っても部下は本気にはなってくれません。夢あふれるビジョンを示し、それを達成するために考え抜かれた戦略を立てても、リーダーに求心力がなければ誰からの協力を得ることもできず、絵に描いた餅で終わってしまうのです。

「尽くすから尽くされる」――ギブ・アンド・テイクは人間関係の基本

では、求心力はどうすれば得られのか？　稲盛さんは「**リーダーは集団を助けるもの。人が喜ぶ姿を見て喜べる人間性が必要**」だと教えています。自分のことはさておき、自分の組織や部下が一番気になり、そのためにはどんな自己犠牲も厭《いと》わないどころか、それが喜びになるというような人間性が必要になるというのです。

そのことについて、稲盛さんは、「**尽くすから尽くされる**」という人間関係の基本にも言及しています。尽くされようと思うのなら、つまり求心力を得ようと思うのであれば、最初に部下に尽くすことが必要だというのです。

これはギブ・アンド・テイクという人間関係の基本ですが、地位が高くなるとこの人間関係の基本を忘れて、部下が尽くしてくれるのが当たり前だと思い込んでしまうケースが間々あります。しかし、地位や権力だけでは、「いつまでもこの人についていきたい」というような求心力は決して生まれてこないのです。

部下に「尽くす」ということは、部下のために自己犠牲を払うということです。稲盛さんは「**リーダーは自己犠牲を強いられる。それに耐えられなければダメだ**」と諭しています。「俺はこんなに偉くなったのに、なぜ部下の面倒ばかり見なくてはならないのか」と思うのではなく、「**部下を成長させるのがリーダーの仕事、部下の成長がリーダーの成長**」と信じて部下の成長を願い、そのためには自己犠牲を喜んで払えるようにならないといけないのです。

また、稲盛さんは「**優しさや思いやりがないと求心力がなくなる**」とも語っています。先ほど説明した優しさや気配りも当然リーダーには不可欠なのです。

「なぜ自分の求心力は高まらないのか」と疑問に思うのであれば、自分が部下にどういう態度で接しているのかを自問自答すべきだと稲盛さんは言います。「**社員は赤の他人だから、俺がぞんざいに扱うと社員も俺にぞんざいになってくる。俺が丁寧に扱うと、社員も俺のことを丁寧に思ってくれる**」と教えているのです。これは人間社会の真理でしょう。

部下から尊敬される人間性を持つ——求心力を高める絶対条件

その意味も含めて、稲盛さんは、**「リーダーが誰よりも苦労している姿ほど部下の共感を得るものはない」**と語ったことがあります。いくらきれいごとを言っても、自分の上司が、部下の面倒も見ず、苦労を避け、少しでも楽をしようとしていれば、求心力どころか共感も得ることもできないのです。

部下のために自己犠牲を払えること、また部下以上の苦労を厭わないことを含めて、**「心が高まってなければ、人心はつかめない」**とも教えています。そして、自己犠牲が払え、誰よりも苦労ができるためには、**「集団を守ろうという素晴らしい愛の心が必要」**なのであり、結局は**「尊敬されない人はリーダーになれない」**のです。それゆえ、尊敬されるような人間性を持つことが、求心力を高めるための絶対条件になるのです。

そのような利他的な哲学を持ち、求心力を身につけることによって初めて、**「リーダーは集団に命を吹き込み、全員のベクトルを合わせ、目標に邁進《まいしん》させることができるようになる」**と稲盛さんは教えています。

3 リーダーの役割

リーダーは夢・ビジョンを語らなくてはいけない

リーダーの大きな役割の一つに、事業の夢・ビジョンを語ることがあります。それについて、稲盛さんは次のように説明しています。

一、将来こうありたいという明確なビジョンを持っている。
二、なぜ、そのようなビジョンを目指すのかという明確な大義名分、使命感がある。そして、その根底には全従業員の幸福を追求するという思いがある。
三、ビジョンを達成するために日々判断をしなくてはならないが、その判断基準は誰から見ても正しいものでなくてはいけない。目標を達成するのに手段を選ばないようでは永続的な成長はできない。それゆえにリーダーは素晴らしい人間性を持っておかなければならない。リーダーの人間性がいびつになれば、ビジョンもいびつになる。

夢・ビジョンを語る際には、根底に「全従業員の幸福を追求する」という思いが必要だということであり、さらには、なぜそのような夢やビジョンを目指すのかという大義名分が明確でなければならないというのです。

稲盛さんは**「リーダーの人間性がいびつになれば、ビジョンもいびつになる」**と警鐘を鳴らしています。リーダーの自己顕示欲や利己心が強ければ、つまり動機が不純であり私心があれば、そのリーダーが作るビジョンもその人間性が反映されたいびつなものになると指摘しているのです。

リーダーが持つべき三つの要素——人格、統率力、知性・能力

「リーダーが持つべき三つの要素」として、稲盛さんは**「人格」「統率力」「知性・能力」**を挙げ、次のように整理しています。

- **人格——品位・高潔さ・公正無私・思いやり・優しさ・謙虚さ**
- **統率力——胆識・勇気・決断力**

・知性・能力——見識・先見性・分析力

この人格や統率力が人間性にあたります。これを高めなければ、誰もが納得できるようなビジョンを作ることも、組織をまとめ、そのビジョンを一緒に目指すこともできないと教えているのです。

この中の「**能力**」については、次のようにも説明しています。

「リーダーには、問題が発生した際に、瞬時に解決策を示す能力が必要になる。そのために正しい判断基準と極めて高い集中力と洞察力が不可欠だ。集中力と洞察力は、常日頃から神経を研ぎ澄まし、物事に真剣に向き合い、徹底して考える習慣を身につけていなければ、問題が起きたときに発揮できるようになるものではない」

これに加えて、**「リーダーは組織に影響力があり、個々のメンバーに自分の考えを説明し同調してもらうだけでなく、自分の望む方向に導く牽引《けんいん》力、指導力が必要」**とも説明し、さらに**「優れた企画力が必要」**であり、それにプラスして**「先見性、分析力、判断力、胆識**（実行力）**が不可欠」**とも指摘しています。

当然ですが、リーダーは困難に直面しても、それから逃げずに真正面から立ち向かわなくてはなりません。**「妥協は私心だ」**と稲盛さんは言い、困難から逃げることを厳しく戒めています。

それどころか、**「今やっている仕事を掘り下げていくと新たな課題が次々と見つかり、それを解決するには多大な苦労をしなければならないことが分かってくる。それから逃げずに、乗り越えようとするのが真のリーダー」**と教え、自ら課題を探し、それに立ち向かう必要性も強調しています。

この言葉は、私に反省を促すものでもありました。私自身、掘り下げれば新たな課題が見つかりそうになると、掘り下げるのをやめ、その場しのぎの仕事をしようとすることがよくあったからです。

心がつかめなければ人は動いてくれない——人間学を極める

どんな組織でも突き詰めれば人間の集団に他ならず、見方を変えれば、人間の意識の集合体でしかありません。そして、家族以外の集団は赤の他人の集まりでしかないのです。

赤の他人の集団には大きな特徴があります。リーダーが何もしなければ、求心力どころか遠心力が自然と芽生えるということです。赤の他人の集団とは知らない者同士の集まりですから、「知らない人は疑え」とばかり、最初は誰もが疑心暗鬼です。上下関係がありますから、「元気を出して実績を上げよう」「もっと職場の雰囲気を明るくしよう」と上司が言えば、「分かりました」と返事はしますが、内心では「なぜ頑張らなくてはいけないのか？」と疑問に思うものです。それでも、「指示に背くと評価が下がるから、頑張ったふりをしておこう」となってしまうのです。

それが赤の他人の集団では普通であり、リーダーが「信じ合える仲間を作る」ために何もしなければ、組織の中には自然に遠心力が働き、部下は面従腹背となり、仮面社員の集団になる可能性があるのです。そうであるにもかかわらず、「なぜ本気になってくれないのだ」と上司が怒れば、部下の心はますます離れ、組織はバラバラになってしまいます。

稲盛さんは「**心がつかめなければ人は動いてくれない**」と常に強調していました。そして、心をつかむためには、先ほど紹介した「**人の心が読めること**」が必要であり、そのためには人の心の苦しみや楽しみを分からなくてはなりません。稲盛さんは「**心は恐ろしいほど必ず顔に出る**」とも教えていますが、心が読めるようになるためには、人間に対する鋭い観察力・洞察力が必要になるのです。

常日頃から人間への観察力・洞察力を鍛え、自分は偉いという思い込みを捨て、同じ人間同士であるという事実に基づいて会議やコンパなどの席で素直な目で部下の表情を見れば、心の中で何を思っているのかの察しはつく。つまり、心が読めるようになると稲盛さんは教えているのです。

このようにして人の心が読めるようになり、人の心の苦しみや楽しみが分かるようになって初めて、赤の他人の集まりを信じ合える仲間にするために、自分は何をすべきかが分かるようになってくるのです。

稲盛さんは、「リーダーの器以上に組織は大きくならない」と話しています。「リーダーの力量とは何人をまとめられるかだ。一人か千人か」という表現もしていますが、それは「何人の心が分かり、つかめるか」が大事だということです。その意味も含めて、「経営者は人間学を学んだ一流の心理学者でなくてはいけない」と言うのです。

稲盛さんは、社内アンケートなどで社員の意識調査することに対して懐疑的でした。「アンケートを取ることは否定しないけれど、アンケートを取らないと社員の気持ちが分からないようではリーダーとしては失格だろう」「コンサルタントなどはアンケートを取ったほうがいいと言うのだろうが、必要なのは今の社員の意識であり、結果が分かるのが数か月後であれば、あまり意味はないのではないか」と指摘していました。

組織をまとめ、全員のベクトルを揃えるためには、社員が「今、何を考えているのか」、つまり社員の心が分からなければならないのです。そうでなければ、本当に価値のある対策を打つことはできないでしょう。**「心がつかめなければ人は動いてくれない」**という稲盛さんの言葉は、組織を動かす普遍的な真理を示しているのです。

ある心の状態になれば幸運が続く――心には力がある

これまで繰り返し説明してきたように、稲盛さんは子供の頃から多くの挫折を経験しています。その最大のものは、中学受験に失敗し、翌年再受験しようとしたときに結核に罹患《りかん》したことでしょう。稲盛さんは残念ながら二回目の受験も失敗しますが、そのとき人生で最も大切なこと、つまり、**「すべての現象は心に思ったことの反映でしかない」**ことを学びます。

その後も繰り返し挫折を経験するのですが、やっと就職できた松風工業では、嫌で嫌でたまらなかった仕事を好きになる努力をします。その結果、稲盛さんが**「退路を断ち、前向きにやろうと全力を尽くそうとしたら思った以上の成果が出た。なぜなのか？　心のあり方に関心を持つようになった」**と話しているように、心の持つ大きな力に強い関心を抱くようになります。

「物理的条件は同じでも、仕事を好きになれば成果が出てくる。それを継続すれば、成功できる。好きだから地味な努力ができ、地味な努力の継続で偉大なことができる」ことに気が付いたというのです。

このような経緯を経て、あとで説明するように、京セラを創業した際には「心をベースにした経営」、つまり経営者と社員、社員と社員の堅い心の絆をベースとした経営をすることに決めます。

しかし、心というものは外からは分からず、また変わりやすいものです。その頼りない心をどうしたら頼りがいのあるものにできるのか。どうしたら社員との心の絆を強め、一体感のある組織を作れるのか。研究者であり、技術者であり、物事を合理的・科学的に考える習慣のついていた稲盛さんは、心とはどういうものかを知りたいと考え、宗教書・哲学書などの本を読み漁《あさ》り、その知識と自分の挫折や成功の実体験と照らし合わせて心の探求を続けました。

その結果、**「ある心の状態になれば幸運が続く」**ことが分かり、**「心には大きな力がある」**ことが納得できるようになったと話しています。その「ある心の状態」に到達するための、また「大きな心の力」を発揮するためのガイドラインとして稲盛さんがまとめたのがフィロソフィなのです。その内容は、『京セラフィロソフィ』として書籍にもなっていますが、主に人間としてのあるべき姿が七十二項目にわたり説明されています。そして、その延長線上にJALフィロソフィも生まれているのです。

「部下の無限の可能性を信じる」――能力を未来進行形で考える

創業当初、中小零細企業でしかなかった京セラには、世間でいう高学歴で能力の高い人はいませんでしたが、それでも、急速な成長発展を遂げることができました。それは、稲盛さんが優秀な社員がいないことを嘆くのではなく、**「誰にも無限の可能性がある」**と信じ、在籍している社員全員の能力をフルに発揮させ、**全員参加の経営**を実現させてきたからです。

その無限の可能性を引き出す方法の一つとして、稲盛さんは、社員から提案があれば社員を信じて受け入れ、任せることにしたと言っています。それでうまくいくことは少なく、失敗することのほうが多かったようですが、それは承知の上だったのです。

稲盛さんは当時を振り返って、**「俺を騙《だま》すのは簡単だが、騙されても騙されても部**

下を信じるしかなかったんだ」と述懐していました。社員が「こうしたい」と提案をしてきたときに、「君では無理だ」と否定してしまえば、その社員の能力を高めるチャンスだけでなく、新しいことにチャレンジしようという意欲も奪うことになります。ですから、無理かもしれないと分かっていても、「こうしたい」という提案があれば、やらせてみる。それで失敗し、また「今度はこれがしたい」と言ってきたら、それもやらせてみせる。こうして、騙されても騙されても、全社員の前向きな思いや熱意をできるだけ尊重し、信じるしか方法はなかったというのです。

しかし、その結果、社員の積極性・主体性が高まり、無限の能力が発揮されるようになりました。そして、次々と新製品の開発に成功することができたのです。このような経験から、稲盛さんは**「社員に自発的・能動的になってもらうことが一番大事」**だと教えています。

このような発想が生まれた背景には、稲盛さんのつらい経験があります。何度も説明したように、最初に就職した松風工業で、稲盛さんは自分の能力も可能性も信じてもらえず、そのため退社することになりました。このような自分の経験から**「社員の可能性を否定すれば、社員はやる気をなくしてしまう」**し、逆に**「信じてあげれば、**

必ず能力を発揮してくれる」ことがよく分かっていたのです。だからこそ、「**騙されても騙されても部下を信じる**」ことができたのです。

「**能力を未来進行形で考える**」という稲盛さんの有名な言葉があります。誰にも無限の可能性があることを前提として、高い目標にチャレンジしようとするとき、今の能力で「できる」「できない」を判断するのではなく、「能力は努力することで高めることができる」と能力を未来進行形で考え、判断すべきだというのです。そして、「**能力を未来進行形で考える**」ことができれば、「**部下の無限の可能性を信じる**」ことができ、高い目標にも勇気を持ってチャレンジする風土が作れるというのです。

社員の熱意を高めるために大切な「許す心」

誰にも無限の可能性があるわけですから、リーダーにとって大事なことはその能力をフルに発揮してもらうことです。しかし、先のギャラップ社の調査結果でも明らかなように、日本では熱意ある社員は僅か五％しかおらず、ほとんどの人が持てる能力を活かせていません。日本経済にとっての最大の課題は、全ての社員のモチベーションを高めることなのです。

稲盛さんは、京セラ創業当時より、全社員の熱意を高めるためには何が必要かを徹底的に考えていました。そのために、すでに説明したように、創業三年目に経営理念を「**全従業員の物心両面の幸福を追求すると同時に、人類、社会の進歩発展に貢献する**」と決めました。つまり、経営の目的は「**全従業員の幸せを実現すること**」であり、経営の意義は「**人類、社会の進歩発展に貢献すること**」と、誰も文句のつけようのない公明正大で大義名分のあるものに定めたのです。

稲盛さんは「**人間は自らの幸せのためなら、どんな困難に直面しようと、それを自らの努力で乗り越えようとするものだ**」と言い、「**誰でも世の中に役立ちたいという良心を持っている**」と話していました。京セラの経営理念はそのような人間の本質に基づいたものでもあり、だからこそ誰もが素直に納得できたのです。

こうして稲盛さんは、「**京セラは、全従業員が、自分たちが幸せになるために、また、社会の発展に貢献するために存在している。自分たちはこの目的と意義のために一生懸命に働くのだ**」と宣言したわけです。稲盛さんは、「**事業の目的と意義とは生涯かけてやろう、自分で進んでやろうと思わせるもの**」であり、「**それを全社員が共有するから生き生きとした組織になる**」と説明していました。実際に、この経営理念は全社員の熱意・モチベーションを高める強い土台となったのです。

稲盛さんは「**本人のやる気を拡大するような導き方をすることが大切だ**」と言っています。そのために、経営の目的と意義を明確にし、それを実現するために必要なフィロソフィを語り、常に社員のモチベーションが上がるように気を付けていました。同時に、やる気を失うことがないようにも細心の注意を払っていました。

例えば、稲盛さんは「**逃げ場のないプレッシャーを与えてはダメなんだ。それでもやる気を高めなければならないんだ**」と語っています。仮に部下の成長のために能力を未来進行形で考え、あえて高い目標を設定してプレッシャーを与えたとしても、本人がそれを生き地獄のように感じたとしたらどうでしょう。大切な部下を精神的に潰してしまうかもしれませんし、極端な場合、不正に走らせるかもしれません。

当たり前ですが、やる気があって一生懸命努力しても失敗することはあります。稲盛さん自身、そのような経験を重ねています。ですから、うまくいかなかったときに、その失敗をあげつらうと、意気消沈し、やる気をなくしてしまうということをよく分かっていました。それでは、上司も部下も、お互いに不幸です。

リーダーには当然厳しさが必要ですが、思いやりや優しさ、さらには、場合によっては、失敗を「**許す心**」「**忠恕《ちゅうじょ》の心**」が大切だと話していたことがあります。それが、長い目で見ると部下のやる気を高めるからです。失敗を許すことには、葛藤があり、簡単ではありません。それができるようになるためにも、高い人間性が必要になると教えていたのです。

人を見抜き、育て、天分を開花させる

稲盛さんが唱えるリーダーの役割の一つに**「人を見抜き、育てる。そして天分を開花させる」**というものがあります。繰り返し説明しているように、稲盛さんは「誰にでも無限の可能性がある」と信じて、全員のやる気が少しでも高まるような経営をしてきました。その結果として社員個々人の天分を開花させ、本人の物心両面の幸福を実現させ、京セラやＫＤＤＩ、ＪＡＬを大きく発展させてきたのです。

このような発想も、稲盛さん自身の経験がベースになって生まれています。若いときに多くの不運・挫折を経験し、自分には能力がないことを痛感していた稲盛さんは、松風工業時代に仕事を好きにならざる得ない状況に置かれました。そこで覚悟を決めて仕事に没頭した結果、技術者としての天分を開花させることができたのです。

京セラ創業後は、十一名の高卒採用者の反乱に遭ったことが契機となり、経営者と

しての天分も開花させることもできました。そのような経験を通じて、誰にも無限の可能性があるのだから、その天分を花開かせるのがリーダーの役割だと稲盛さんは信じているのです。

もし経営者が「自分の会社には才能ある社員はいない。社員のレベルは他社と比べると劣っている」と思えば、成長できるはずはありません。そうではなく「こんなちっぽけな会社に、なんと素晴らしい社員に集まってもらったのだろう。この社員たちをどうしても幸せにしてあげたい」「誰にでも無限の可能性があるのだから、才能はどこかに隠れているはずだ。それを開花させれば、大きく成長できるし、全従業員の幸福は実現できる」と思えば、結果は全く違ってくるでしょう。そのために必要なのが、**「人を見抜き、育て、そして天分を開花させる」**という考え方なのです。

京セラ創業当時、稲盛さんは、優秀な社員がいないことを嘆くことはしませんでした。**「どんくさいやつがいいんだ。頭の良いやつは先を見て、すぐ逃げてしまう」**と、それさえ前向きに捉えるようにしていました。

実際に、優秀な人が入ってくると大いに期待するのですが、そんな人ほど職場環境の劣悪さや待遇の悪さばかりを気にして、面倒な仕事を避け、結果として天分を開花できずに辞めてしまうことも多かったと言います。それよりも、厳しい環境の中でもコツコツと努力を重ねるどんくさい人のほうが、やがて天分を大きく開花させることができたのです。それを稲盛さんは**「継続が愚鈍を非凡に変える」**と表現しています。

その意味では、リーダーにとって「人を見抜く」というのは、コツコツと努力を継続できる人間なのかどうかを見抜くことであり、「育てる」とは、その愚直な努力を認めて継続させることなのです。そうすれば、時間はかかっても「天分を開花させる」ことができるのです。

稲盛さんは、意外な人を登用した際、その理由を聞かれ、**「なぜなら、努力を継続できるから」**と答えたことがあるそうです。まずは才能のあるなしより、コツコツと努力を継続できる人間なのかどうかを見抜くことが大切になるというのです。

人間の無限の可能性を信じ、人を見抜き、育て、天分を開花させることによって、すべての社員の能力をフルに発揮させることができれば、どんな企業でも必ず成長できるはずです。そして、これができるリーダーが、その会社を大きく発展させていくのです。

稲盛さんは「創業当初、京セラが中小零細企業の頃には、学歴の高い人、優秀な人は来てくれなかった」けれども、「そのときのほうが次から次へと新製品を生み出すことができた」と話していました。それは稲盛さんが当時の全社員の天分を見抜き、フルに開花させたからに他なりません。

4 リーダーの心構え

自分で考えさせる――ヒントは与えてもいいが、答えを教えてはダメ！

私が自分で会議を開くことが増えてきたとき、なかなかうまく進行できないことがありました。そこで、稲盛さんにどのように進めたらいいのかと聞きました。すると、まず**「進行は思いつきじゃダメだ。事前の準備が大切で、議論すべきテーマの優先順位と時間割を決めて進行しなさい」**と実務的に大切なアドバイスをしていただき、そのあとに**「大事なのは、出席者全員によく考えてもらうことなんだ。たとえば、『こういう問題が起こって困っています』というような質問が出たとき、お前が答えを知っていても、ヒントは与えてもいいけれど、答えを教えてはダメなんだ」**と言われました。このことが強く印象に残っています。

確かに、学校の先生が黒板に問題を書いてすぐに答えを教えていたら、子供の考える力は身につかず、育たないでしょう。それは会社も同じで、稲盛さんが**「会議は教育の場でもある」**と話していた理由もそこにあるのだと気が付いたのです。

稲盛さんは常々、**「指示待ち族ではダメだ。自分で考えなさい。自分で考えるからいい仕事ができる」**と教えていました。それは**「自分で考えたアイデアは、自然と責任を持って実行しようと思うもの」**だからです。

ですから、上司は部下に指示を出すことよりも、**「全員にまず考えてもらう」**こと、**「知恵を出してもらう」**ことが大切になります。稲盛さん自身、常に私に「お前はどう思う」と聞いていました。報告書を提出する際も、「どうしましょう」と稲盛さんに判断をゆだねるようなことをしたら叱られ、「私はこう思います」と自分の判断を書くように注意されました。

稲盛さんは**「自分で考えるからいい仕事ができる」**ことがよく分かっていたので、誰にでも**「自分で考え、自分で判断する」**よう指導していたのです。

しかし、自分で考えて判断する際、それぞれが自分勝手な基準で判断すれば組織は混乱してしまいます。したがって、組織が混乱しないような判断のガイドラインとなるものが必要になりますが、それがフィロソフィなのです。あとで説明するアメーバ経営も、稲盛さんは、**「全社員がフィロソフィをベースに主体的に考え、判断し、行動できる経営システムだ」**と説明していました。

なぜ、これほど**「自分で考える」**ことにこだわるのか、それは、稲盛さんが人間の無限の可能性を信じていたにもかかわらず、ほとんどの人はそのスタートとなる「自分で考えること」が得意ではなく、過去と同じことをしたほうが安心だとか、指示に従ったほうが楽だとか、マニュアル通りしたほうが効率的だと思っていることをよく知っていたからでしょう。

自分で何も考えないとすれば、主体性も積極性も、自分の無限の可能性に挑戦しようとする熱意も生まれてきません。自分で考えることさえ厭うような社員ばかりでは、会社が発展するはずはないのです。それゆえに、会議の進行であれ、経営システムであれ、全員が積極的に自分で考えられるように稲盛さんは工夫してきたのです。

あとがない絶壁に立たされたとき、人は真価を発揮する

私自身、稲盛さんから常に「お前はどう思うか」と問われ、多少自分で考える習慣

が身についていました。しかし、自分で徹底的に考え、判断し、行動せざるを得なかったのは、ＪＡＬ再建で会長補佐として意識改革を担当するようになったときです。

稲盛さんがＪＡＬ会長に着任した際、私は突然稲盛さんからＪＡＬで意識改革を担当してほしいと言われました。京セラで教育の経験もなく、当然航空業界のことは何も知りません。どうしていいか分からず、ただうろたえ、戸惑いました。そんな私を稲盛さんは**「自分で考える」**ように突き放していたようにも思います。

二〇一〇年一月十九日、ＪＡＬの会社更生法適用と稲盛さんの会長就任の記者会見が開催されることになったのですが、実は、その日、稲盛さんには既に別の予定が入っていました。私は、当然、その予定を変更して記者会見を優先すると思っていたのですが、稲盛さんは「先約を優先するのが当然だから、お前が代理で出席しなさい」と言うのです。私にとっては青天の霹靂《へきれき》でしたが、そのとき、自分の置かれた立場が少し分かるようになった気がしました。

ＪＡＬでの仕事が始まり、私が「意識改革を進めるため、京セラから応援を出してほしい」と稲盛さんにお願いすると、**「応援は出さない。自分で考え、実行しなさい」**と当たり前のように言います。私はそのとき、逃げ場はない、自分で考え実行するしかないと覚悟を決めることができました。

その後、私は自分で考えた意識改革の進め方をメモにまとめ、稲盛さんに渡しました。するとすぐに、**「この通り進めてください」**と返事がきました。稲盛さんは私が考えた案をすべて受け入れ、任そうとしている。その本気度が伝わってきました。私は、自分で考え提案したのだから自分で実行して成功させるしかないと決意しました。

稲盛さんは**「自らを追い込んで仕事をしなければ、困難な局面は打開できないし、自分の殻を破り成長することもできない。もうあとがないという『絶壁』に立たされて初めて人は真価を発揮する」**と教えています。私も断崖絶壁に立たされて、自分で納得できるまで本気で徹底的に考えることができました。そのとき、稲盛さんの言葉の意味が初めて分かったような気がしたのです。

稲盛さんは、人を成長させるためには**「自ら考えさせることで、やる気を拡大するような導き方」**が必要だと教えていましたが、まさにその通りでした。私の例に限らず、稲盛さんは、誰にでも無限の可能性があることを信じ、主体的に考えさせ、実践させ、成長を促してきたのです。

人間の心にも作用があれば反作用がある

稲盛さんから「**『作用があれば、反作用がある』のが物理の法則であるのと同じように、人間の心にも作用があれば反作用があるのは当たり前だ**」と教えてもらったとき、私は素直に納得することができました。

新しいプロジェクトを始める際、いろんな人に無理をお願いし、「分かりました。任せてください」と言われ、単純に喜び、そのまま進めようとしていたことがあります。ところが、なかなかうまくいかないので「なぜだろう」と疑問に思っていると、反発している人がいることに気が付きました。無理をお願いするという作用に対して、相手の心の中には何かしらの反作用が起きていたのです。それが「当たり前なんだ」とこの言葉で教えてもらい、腑《ふ》に落ちたのです。

稲盛さんは、高い理想を描き、何か新しいことを始めたら、「**反発があるのを前提に仕事をしなくてはいけない**」と教えています。また、「**何も反作用がないというのは、波風が立たないような仕事をしているということだ**」と指摘しています。つまり、何か本気で仕事をしようという作用があれば反作用があるのは当たり前なので、それを事前に予想して対策を考えておかなくてはならないというのです。

それにもかかわらず、ちょっとした反発に慌てて、「こんなことが起こるとは思わなかった」とひるんで妥協するようでは、何も新しいことを成し遂げることはできません。稲盛さんは**「反発を恐れ何もしないのが一番いけない」**と言い、反発に直面しても決して慌てず、**「正しい判断をして、逃げない」**ことが大切だと強調しています。そして、その勇気は**「正しいことをしているという思い」**から生まれると教えていました。

一方で、反作用を乗り越えて新しいことをやり遂げて成功させ、それを繰り返していると、そこには新たな性質の反作用が生まれることがあります。周囲のやっかみや嫉妬心です。「あんなに苦労をして新しいことを成し遂げたのは素晴らしい」と評価してくれる人がいる一方で、あんなにうまくいったのは何か裏があるはずだと疑い、その人が評価されるとついやっかんでしまう人も出てくるのです。

稲盛さんは、**「人間の心の中にはすさまじいものがある、それがやっかみと嫉妬だ」**と語っています。そして、そのような反作用は人間の卑しい心から生まれたものなので相手にせず、放っておくしかない。そんな魑魅魍魎《ちみもうりょう》の世界からは距離を置くべきだとも注意していました。

稲盛さんのこれらの教えは、ＪＡＬで意識改革を進める際にも大いに役立ちました。先ほど紹介したように私はＪＡＬで意識改革を担当したのですが、そのスタートはリーダー教育でした。ＪＡＬ着任三か月後の二〇一〇年六月に、私は、社長を含む経営幹部五十三名に対して毎週四回、計十七回の短期集中型のリーダー教育を実施することにしたのです。

その頃はもう一つの再建の柱である大規模な構造改革も始まり、経営幹部が一番忙しい時期でしたので、大きな反発があること、つまり反作用があることは想定していました。しかし、それでも素晴らしいリーダーを育てなければ再建を成功させることができるはずはないという信念があり、私は、強引に進めることにしたのです。

予想した通り、社内から強い反発の声が起こりました。稲盛さんからも「大丈夫か」と声をかけてもらいましたが、最初から反作用があることは想定していたので、初志を貫くことができたのです。

ガンバリズムだけの上司は愛想をつかされる

意外と思われるかもしれませんが、稲盛さんは努力することの大切さは強調していたものの、根拠のない得手勝手な精神論や単純なガンバリズムや根性論は評価していませんでした。実際、**「学問もセンスも礼儀もなくガンバリズムだけだったら、上司**

は愛想をつかされる」と注意を促していました。そのような上司の下では、社員は仕事で納得感を得ることができず、経営において最も大事な自発性・主体性・積極性が抑制され、場合によってはそれらを阻害してしまうことを知っていたのです。

二十年ほど前の話ですが、こんなことがありました。私は社費でアメリカのビジネススクールに留学させてもらい、経営を論理的に考えることの大切さを痛感していました。そこで京セラ中堅管理職にも経営理論などを学んでもらおうと、神戸大学大学院経営研究科の教授の方々に協力をお願いして、「ショートＭＢＡコース」と称した勉強会を提案したのです。

そのとき、経営幹部の方からは、「お前の思いは分かるが、稲盛会長が反対するだろうからやめたほうがいい」とアドバイスされました。当時の経営幹部には、稲盛さんは理論よりも、精神力や現場体験を重視するという思い込みがあったのだろうと思います。しかし私は納得できず、直接稲盛さんにその趣旨を説明しました。すると**「ぜひやってほしい。京セラの幹部は真面目で頑張り屋ばかりだが、経営を論理的に考えるのが苦手な人も多い。だからもっと勉強してほしいと思っていた」**と言われて、すぐに実現できたのです。

同じような意味で**「声の大きい、横暴な人の意見が通るようではダメだ」**との警鐘も鳴らしていました。今でいえばパワハラということになりますが、稲盛さんは、京セラが中小零細企業のときから、そのようなことが横行すれば社員のやる気を奪い、持てる能力をフルに発揮できなくなることが分かっていたのです。

また、**「詫《わ》びない上司は軽蔑される」**とも教えています。人間は神様ではないので、誰でも間違いはあります。そして、間違ったときには謝るのが当然です。しかし、プライドの高い上司にとって、ミスを認め、部下に詫びるということは難しいことなのかもしれません。

実際、部下との約束を破っても、判断を誤り会社に損害を与えても、形だけ頭を下げることはできても、本気で心から詫びることができる上司は少ないのかもしれません。しかし、本気で詫びているのかどうかは部下にはすぐに分かります。間違いを認めて謝れない上司は、結局、陰で軽蔑されるようになるのです。

三十年近く一緒に仕事をしている間には、稲盛さんと意見が違うこともよくありました。ほとんど私が間違っていたのですが、稀《まれ》に逆のこともありました。すると、あとになって稲盛さんから**「俺が間違っていた。お前の言う通りだった。ごめん」「ありがとう。ああ言ってくれて助かった」**と連絡をもらうことがありました。私は、その都度、稲盛さんの人間の器の大きさに感銘を受け、さらに尊敬する気持ちが強くなったのです。

稲盛さんは、幹部とのコンパのあとなどに**「俺はあんな威張りん坊は嫌いだ」**と話すことがありました。強烈なリーダーシップがあるように見えても人間性が高まっていなければ、ただガンバリズムだけの、間違っても詫びることのできない、誰からも好かれない威張りん坊になっているのです。

稲盛さんでさえ嫌いというのですから、部下から好かれているはずはありません。それを聞いて、自分が威張りん坊になっていないかと、ハッとしたことを覚えています。

見えるまで考える——徹底的に準備をし、用意周到であることが大事

私が稲盛さんの秘書になったときにもらった直筆メモの中に**「行き届くことが礼である。行き届かないから失敗する」**という言葉が書かれていました。特に「礼」という、仕事ではあまり聞いたことのなかった言葉が入っていたので、どういう意味だろうと自分でじっくりと考えてみました。そして、どんな仕事であれ事前に徹底した準

備を行い、用意周到であることが大事であり、それが「礼」を尽くすことにもなる……そのような意味ではないかと理解しました。

これは稲盛さんがよく話していた**完璧主義**という言葉とほぼ同じです。失敗するのは行き届いておらず完璧でなかったから、つまり事前に周到な準備や気遣いができずに「礼」を失していたからだ、となるのです。

稲盛さんは、行き届くためには**「何度もシミュレーションを繰り返して結果がカラーで見えるまで考え続けるんだ」**と教えています。確かにその通りだと思いますが、正直に言えば、私には**「見えるまで考え続ける」**という言葉のニュアンスがよく分かりませんでした。そこで率直に聞いてみると、稲盛さんは笑って**「お前には分からないかもしれないな」**と答え、続けて**「俺は何か思いついたときに、それがどうすれば実現できるかを三日三晩、頭がちぎれそうになるくらいまで考え続けたことがある」**と教えてくれました。それを聞いて、**「見えるまで考え続ける」**ことの意味が少しは分かったような気がしたのです。

稲盛さんは、私がそこまで突き詰めて考えたことがないことを知っていて、「お前には分からないかもしれない」と言ったのでしょう。事実、私が一つのことを考えられるのはせいぜい数時間程度なので、見えるはずはなかったのです。稲盛さんの指摘は図星でした。

　このように**「見えるまで考える」**とは、恐ろしく忍耐のいる作業なのです。それが稲盛さんの言う完璧主義を実践し、「行き届くこと」の前提になるのです。当たり前ですが、たとえば、新しいプロジェクトを立ち上げるときも、提案した本人は「見えるまで考えている」ことが必要条件になります。「こうしたい」と新しいプロジェクトの説明をしたとき、部下の中には「本当にできるだろうか」という疑念を持つ人も出てきます。「こんな問題が起きたらどうするのですか?」と質問が出たとき、答えに窮したり、「俺の言うことが分からないのか」と一喝でもすれば、部下の不安感を解消するどころか、心を萎《な》えさせてしまうでしょう。

　一方で、「それは私も気になっていた。でも、こう対応したら解決できる。それでもうまくいかなければ、こうしたらいい」と、すぐに論理的かつ明快に説明できれば、部下は納得し「それならできそうだ」と自信を持って取り組んでくれるはずです。

　そういう部下の潜在的に不安な心理にも気を配り、事前に見えてくるまで考え抜いていなければならないのであり、**「行き届くことが礼である。行き届かないから失敗する」**とはそういう意味なのだと私は理解をしたのです。

「努力しない人が成長できるはずはない。これが基本だ」

京セラが創業五十周年を迎えたとき、記念のビデオを制作することになりました。私は、その過程で稲盛さんにインタビューをして創業の頃の話をしてもらったのですが、うかつに発した一言で厳しく叱られることになりました。

私がなんと言ったのかというと、「稲盛名誉会長は天才的な技術者でしたから、創業当時より、新製品開発を次々と成功させることができたのですね」と口にしたのです。すると稲盛さんは**「平凡な人間が必死に努力して技術開発を成功させてきたと何度も言っているじゃないか。それを一番よく聞いていたお前が、一言で『天才でしたから』とはどういうことだ！　天才でも何でもない。誰にも負けない努力したんだ」**と私を叱ったのです。

それに続けて、**「創業の頃は、大した実験器具もなく本当に苦労した。何の道具もないので、地面を爪でかきながら前に進んできた。爪からは血が滲《にじ》み、手は血だらけになったが、それでも自分の手で前に進むしか方法はなかった。そうして技術開発をしてきたんだ」**と説明し、**「それでもそのときのほうが次々と新製品を生み出してい**

たんだ」と強い口調で語りました。

それを聞いて、大した努力もしてないのに、仕事がうまくいかないとその理由を外部環境のせいにして言い訳をしていた自分が恥ずかしくなりました。

その後、創業の頃を振り返って**「最初からハンディがあったのが成功の要因。逆境が人を強くしたんだ」**とも教えてもらいました。つまり、逆境の中で**「独立自尊、自助努力しかない」**という気付きが生まれ、その結果、**「必死に努力すれば生き残れる」**ことを学んだというのです。

なぜ、そこまで努力することの大切さを強調するのかというと、稲盛さんは率直に**「中学受験に失敗し、恥ずかしいという思いが努力をさせた」**と言い、また、その後も**「幸運から見放されているので、努力しかないと思うようになった」**と説明しています。**「逆境が素晴らしい環境を与えてくれた」**と明言しているように、逆境が努力することの大切さを教えてくれたというのです。

また、自然界に生きとし生きるもののすべてが少しでも長く生き延びよう、できるだけ多くの子孫を残そうと日々必死に生きている。だから、その頂点に立つ人間も同じように努力をするのが当然だとも語っていました。

ただ、その努力とは継続できるものでなくてはならず、**「コツコツと努力を続けると平凡が非凡に変わる」**というように、地道な努力こそが人間を大きく成長させるということなのです。

稲盛さんは、コツコツと努力することで、**「一生懸命働いて、初めて分かることがある」**と語り、**「一生懸命働くことで人間を磨くことができる」**ことを教え、**「努力しない人が成長できるはずはない。これが基本」**と強調していました。

勝てないリーダーに人はついてこない——夕日を拝む人は無い

稲盛さんの故郷鹿児島には、『串木野さのさ』という民謡があります。一緒に鹿児島に帰ったときなど、親しい方々との宴席で稲盛さんはこの民謡を朗々と歌うことがありました。

「落魄《おちぶ》れて　袖に涙の掛かる時　人の心の奥ぞ知る　朝日を拝む　人あれど　夕日を拝む　人は無い」

という一節を歌う姿には、万感の思いが込められているように感じられました。リーダーとなった以上、「朝日であり続けなければならない。そうしなければ、人心はすぐに離れていくんだ」という自戒を込めているようにも感じたのです。

この民謡が生まれたのは、主従関係が厳しく、強い忠誠心で組織が成り立っていた封建時代です。その時代でも、みんな本心では自分の人生を最優先に考え、勝馬に乗ろうとしていたのです。確かに、負け続ける人についていこうとする人はいません。どんなきれいごとを言っても負けると求心力はあっという間になくなり、重用していた部下も去っていく。それが世の常であり、歴史が示している通りだと、この歌は教えているのです。

すでに説明しているように、稲盛さんは小学生の頃はガキ大将で、何人かの子分がいました。その頃を思い出し、**「子供の頃、喧嘩に負けることが最大の屈辱で、人心がすぐに離れることを嫌になるほど経験した。サルの世界と同じだ」**と話していたことがあります。

中学受験を二度失敗するなど、稲盛さんは、少年時代には暗く沈み行く夕日の経験もしています。子供の頃から『串木野さのさ』の世界を体験していた稲盛さんは、リーダーは勝ち続けなければならないことを体得していたのです。

「**朝日を拝む　人あれど　夕日を拝む　人は無い**」というのは人間社会の本質です。

いくら理想を掲げ、高い目標を目指しても、連戦連敗であれば人心は離れていきます。稲盛さんは、この民謡を静かに歌いながら、**「いつまでも朝日でなければいけない」**と自分に言い聞かせ、燃える闘魂をたぎらせていたのでしょう。

ただ稲盛さんは、その勝ち方、朝日である方法にもこだわりました。いつまでも朝日であり続けるためには、何をしてもいいのではなく、人間として正しい方法で勝たなければならない、正しい哲学をベースにした経営に徹しなければ勝ち続けることができないことを知っていたのです。

リーダーは「燃える闘魂」を持たなければならない

稲盛さんはこのように常に朝日であろうと、京セラや第二電電（現KDDI）を創業し、JALの再建も成功させました。そのときの心構えは、稲盛さんが言う**「燃える闘魂」**そのものだと思うのです。

稲盛さんは格闘技が大好きで、私もボクシングの試合を一緒に観戦したことがあります。観戦後、稲盛さんは**「ボクサーは試合が始まる前は、足が震えるほど怖いそうだ。しかし、闘魂のある選手は、試合が始まったらそんな素振りは決して見せない。**

強いパンチを受けても、平気な顔をしている。なぜなら、そのときちょっとでもひるめば、相手から押し込まれ負けてしまうからだ。それは仕事も同じで、『もうこれまでか』という状況に追い込まれても、リーダーは決して白旗を掲げてはならない。もし、リーダーがファイティングポーズをとれず、弱気なそぶりを見せたら、組織の士気はあっという間に下がってしまう。窮地に陥ったときこそ、リーダーは組織の士気を高めなければならない。そのために必要なのが『燃える闘魂』であり、それはリーダーに欠かせない資質だ」と教えてくれました。

京セラも創業以来、大きな景気の変動の波にもまれています。一九七〇年代のオイルショックでは受注がほとんどなくなり、一九八五年のプラザ合意では急激な円高に見舞われました。その後も、バブル経済やITバブル景気の崩壊、リーマンショックという大きな不況を繰り返し経験しています。

第二電電（現KDDI）も、創業直後に通信回線敷設の目処が立たないという危機的な事態を迎えたこともあれば、多額の設備投資のために財務的に厳しい状況に陥ったこともあります。その都度、稲盛さんは闘魂を燃やし、乗り越えていったのです。

その典型はJALの再建でしょう。稲盛さんは「三年で再建を成功させる」と宣言していたのですが、最初それを信じる人はいませんでした。JALは倒産し、マイナスからのスタートだったので、すべてのメディアは、再建は不可能と断言していました。それでも稲盛さんは白旗を掲げるような素振りは少しも見せませんでした。

再建二年目には東日本大震災という思いもよらない厳しい事態に遭遇します。多くの人が、これで再建は失敗してしまうだろうと危惧していました。しかし、それでも稲盛さんは決して白旗を掲げませんでした。

「燃える闘魂」と言うと、鬼のような形相で戦いを挑むような激しいイメージを持つかもしれませんが、稲盛さんの言う**「燃える闘魂」**とは、そのような激しく一過性のものではなく、内に秘めた松明《たいまつ》のように燃え続ける闘魂なのです。その闘魂を燃やし続けた結果、東日本大震災に見舞われた再建二年目には過去最高となる二千億円を超える営業利益を生み出し、ＪＡＬは再建から二年八か月という奇跡的なスピードで再上場を遂げることができたのです。

5 リーダーとして気を付けるべきこと

リーダーには強靭な克己心が必要――経営トップにプライベートはない

第2章の冒頭に「**一国は一人を以て興り、一人を以て亡ぶ**」という言葉を紹介しました。これまで説明してきたように、社員の心に火を点けることのできるリーダーが一国を興すのであり、その火を消してしまうようなリーダーが一国を亡ぼすと言っていいでしょう。稲盛さんは、万が一にも心の火を消してしまうようなリーダーにならないように、愛情あふれる警鐘の言葉をいくつも残しています。

その一つが「**人格を高めようと努力をし続ける人を社長にすべき、それができなければ悲劇が起こる**」という言葉です。会社の発展のために一生懸命働き、多くの人に慕われて社長の地位に上り詰めても、そこで努力をやめてしまい、そのリーダー足らしめた人間性が変わって堕落してしまうと、悲劇的な結果をもたらすことになると厳しく指摘しているのです。

残念ながら、このような例は少なくありません。なぜそんな悲劇が生まれるのか。

それは経営トップとなり、油断・慢心が生まれるからです。稲盛さんは、**「人を動かすのがリーダー。だから、思うことを整理する。心にくだらないことが浮かんでくるようではダメだ」**と語り、同じような観点から**「絶対的権力を得ると堕落する。だから強靭《きょうじん》な克己心が必要」**と強い警鐘を鳴らしています。つまり、**「リーダーは権力を持つものだから、私心を入れない強さが必要」**だと強調しているのです。

私は、以前、京セラの先輩からこんなエピソードを聞いたことがあります。当時、まだ四十代だった稲盛社長とたまたま京都の町を一緒に歩いていたとき、近くのデパートの壁に紳士服新春バーゲンの大きな垂れ幕が下がっていたそうです。稲盛さんはそれをちらりと見て、すぐに**「俺は馬鹿だ。バーゲンの垂れ幕を見てしまった。仕事に集中していない。恥ずかしい」**とつぶやいたというのです。つまり、「心にくだらないことが浮かんできた」ことを反省し、「私心を入れない強さが必要だ」と自戒したのです。その言葉を聞いた先輩は、稲盛さんの仕事への思いの強さに驚き、尊敬の思いをさらに強くしたと話してくれました。

このように、稲盛さんにはどんなときでもいささかの私心もはさまない強い克己心がありました。ですから、成功し続けることができたのです。

稲盛さんは、**「リーダーはいつも見られていると自覚すべき」**だと注意をしていたのですが、このエピソードは、それが事実であることも示しています。

経営トップにはプライベートな時間はなく、三百六十五日、二十四時間、多くの観客のいる舞台の上で主役を演じているようなものなのです。もし「話している」ことと「やっている」ことが少しでも違えば、観客である社員や取引先の方、場合によっては株主の方も落胆し、去って行ってしまうこともあるのです。

稲盛さんは**「自分のことを棚に上げて議論できない」**とも語っています。常に見られている以上、「実はあのときは」と自分を棚に上げて言い訳をしても、誰も納得してくれません。「言っている」ことと「やっている」ことは常に一致していなくては、つまり、言行は一致していなければならないのです。

リーダーの評価は「人間性が五十％、実績が三十％、能力が二十％」

これまでの稲盛さんの言葉から分かるように、稲盛さんは、リーダーの人間性が一番大事だと確信していました。そのため、リーダーをどのような観点から評価すればいいのかと聞かれたとき、**「一番大事なのは人間性。清廉潔白、公平公正で、自分の**

会社を誰よりも愛していることが大切」なので、**「人間性が五十％、実績が三十％、能力が二十％」**と答えていました。

能力が一番大事という人もいますが、稲盛さんは**「人間性の高い人は自分の能力を高める努力を厭わないだけでなく、部下から慕われるので、組織全体の能力も高めてくれる」**というのです。

人物評価の方法として、上司や同僚や部下などさまざまな立場の人が多角的に評価をする「三六〇度評価」が流行ったことがあります。稲盛さんも**「お互いがお互いを評価し、リーダーを評価するが民主的だと思ったことがある」**と言っていました。しかし、同時に**「それでは穏便な、部下一人一人に都合のいい、居心地のいい組織を作ってしまう。馴れ合いと融和だけで評価するようでは世界に冠たる企業は作れない」**とも話していました。

リーダーには、場合によっては、部下から嫌われても、困難な目標、高い目標を目指す強いリーダーシップが必要となります。しかし、それで部下の心が離れてしまえば意味はありません。そのときに大切になるのが、誰からも信頼され尊敬される人間性です。それゆえ、リーダーを選ぶ基準は人間性であり、人間性を高める、心を高めるというのは稲盛さんのリーダー論の核心なのです。

稲盛さんは「**心を高める。経営を伸ばす**」と常に話していました。また、自分自身を振り返り、「**心を高めようと努力を続けた日々だった**」とも述懐しています。心を高めようという努力を怠らず、誰からも信頼され、尊敬されるようなリーダーであれば、想像を超えるような高い目標であれ、他の会社であれば嫌がるような仕事であれ、社員は喜んで協力してくれるでしょう。その結果として、困難を乗り越え、全員が物心両面において幸せになれるような会社になっていくことができるのです。

6 リーダーの最も大切な仕事

フィロソフィを浸透させ、社員の心をよくする

リーダーにとって最も大切な仕事は何でしょうか。それを端的に表したのが稲盛さんの次の言葉です。

「**心がよくなると、よい人間になる。よい人間が集まれば、よい会社になれる。よい会社になると業績もよくなる。だから、心をよくできる人間がトップになるべきだ**」

明確なビジョンも戦略もあるが、社員が自分勝手で、文句ばっかり言っているようでは、よい会社にも、よい業績にもなりません。夢を信じ、仲間を信じ、お客様のために進んで尽くすことができる、そのような素直で明るく前向きな、よき心を持った社員を育てることがまず大切になるのです。この言葉は、経営者が社員の心をよくすることに注力すれば自然に業績もよくなることを教えています。

同じような意味で、**「バランスシートより、社員の意識のレベルのほうが大事だ」**とも話しています。会社に多額の資産があったとしても、社員の口からは不平不満ばかり聞こえ、やる気がなければ、いずれ衰退するのは間違いありません。また、**「心技体というけれど、心が八割」**とも言っています。会社でいえば、技術力や資金力が大事だというけれど、社員の意識のほうが圧倒的に大事だということです。

稲盛さんは、リーダーに**「社員の意識を変えられますか？」**と問いかけ、**「誰もが美しい心を持っている、それを引き出せますか？」**と聞いていました。そして、**「社員の意識を変える力のある人、社内にフィロソフィを浸透できる人がトップになるべきだ」**と強調し、**「フィロソフィを身につけて、実行できる人がトップになるべき」「社員のやる気が起こるようにする、意識を変えられる人がトップになるべき」**と説いていました。

これらの言葉は経営の本質を突いたものであり、稲盛さんが京セラやＫＤＤＩ、そしてＪＡＬで実践し、証明してきた真理でもあります。

稲盛さんは、京セラ・ＫＤＤＩ・ＪＡＬで「全社員の心をよくすること」に精力を注ぎ、その結果、三社ともよい業績の会社になりました。だからこそ、**「心を高める。経営を伸ばす」**と語り、リーダーの最大の仕事はフィロソフィを浸透させ社員の心をよくすることだと教えているのです。

〈参考〉　社長としていかにあるべきか

この章の最後に、私が稲盛さんからもらった直筆のメモを紹介したいと思います。私が四十七歳のとき、稲盛さんから突然、「次、お前を執行役員にすることにした」と言われ、執行役員はみんな社長候補だからと「社長としていかにあるべきか」と書かれた手書きのメモを「大切にしなさい」ともらったのです。そこには、京セラの経営理念やフィロソフィを十分理解しているという前提で、リーダーとして大切な事柄が、次のような八項目にわたって述べられています。

①判断するときはもちろんのこと、日常においても決して私心をはさんではならない。

②社長として会社に生命と精神を常に注入せねばならない。ゆえに自分個人である時間がない。常に公人として事を考えていること。

③常に部下から報告（フォームを考えること）をさせ、励ましと注意を与えること。

④部下のパフォーマンスについては厳しい追求を行うと同時に大事にすること。

⑤物事の判断をする場合、および実績・結果について上司に間違いなく報告すること。（注：上司とは稲盛会長のことを指すと思われる）

⑥会社の経営は入りを量って出ずるを制することであるから、それをどの部署にも要求すると同時に金の流れ・運用にも気を配ること。金の滞留（売掛、在庫、借金）は絶対させてはならない。

⑦自分がよく知らないことについては、部下及び上司によく聞いて判断すること。判断は早いことが必要だが、十分熟慮すること。

⑧決断のときには京セラフィロソフィにある人間として何が正しいかの一点で判断すること。勇気にもとる卑怯な振る舞いは絶対にあってはならない。汚い心、卑怯な心は絶対に困る。

第3章 経営の要諦

「経営者の使命はフィロソフィを社員と共有し、会社を健全な発展に導いていくことを通じて、一人でも多くの人を幸せにしていくことだ」

1 正しい経営をする

正しい経営をするために「全従業員の物心両面の幸福を追求する」

稲盛さんは「**経営理念とは働く人の意識を統合するもの**」と定義づけしていました。「**経営者も社員も同じ目的、目標を目指すのが理想であり、そうすれば思いも通じる**」というのです。その目的として稲盛さんが掲げていたのが「**全従業員の物心両面の幸福を追求する**」というものです。それは、京セラも、KDDIも、JALも同じで、正しい経営の根幹をなすものです。

私は、JAL再建時、経営理念作成の担当役員でもありました。正しい経営をするためには「**全社員の物心両面の幸福を追求する**」という文言が不可欠だと思い、それが前文に入る経営理念の原案を作成し、役員会に提案しました。

すると一部の人から、「一年前に倒産して金融機関に多額の債権放棄をしてもらった会社の経営の目的が『社員の幸福を追求する』というのでは社会から納得が得られないのではないか」との批判が出ました。私は、そのような誤解を放っておけば新しい経営理念の正しい理解が進まなくなると考え、経営理念のあとに、次のような説明文を付け加えることにしました。

「ＪＡＬグループに集う、経営陣を含めた社員一人一人は、日々、人生や生活をかけて懸命に働いています。その私たち社員が『ＪＡＬで働いていてよかった』と思えるような企業を目指さなければ、お客様に最高のサービスを提供することもできませんし、企業価値を高めて社会に貢献することもできません。そのような考え方に基づいて、企業理念の冒頭に『全社員の物心両面の幸福を追求する』を掲げています」

社員がＪＡＬで働いてよかったと思わず、不平不満を口にしているようでは、お客様に最高のサービスをすることも企業価値を高めることもできません。社員の幸福を追求することは、安全を守るためにも、より良いサービスを提供するためにも、企業価値を高めて株主に喜んでもらうためにも当然のことだということを伝えたかったのです。

社員の幸福を追求することの大切さは、最近では科学的にも証明されています。米国の研究機関によれば、幸福を感じている社員の生産性は約三十％、創造性は約三倍に高まるそうです。ウェルビーイング経営という言葉も生まれていますが、どんな組織であれ、経営者が社員のことを思いやり、その幸せを願うことはごく当たり前のことなのです。

そう言っている私には、こんな思い出もあります。ある年の京セラの入社式で、稲盛さんと一緒に会場に行くとき、唐突に「今日、お前どう思うか」と聞かれたのです。私は、「優秀な新入社員がたくさん入社してくれてよかったと思っています」と通り一遍の返事をしました。すると稲盛さんは、**「それでは経営者として失格だ。俺は新入社員が入ってくるたびに、彼らを幸せにしてあげなくてはならないと身震いするほどの責任の重さを感じていた」**と言いました。

その言葉を聞いたとき、私は「全従業員の物心両面の幸福を追求する」という経営理念の文言は覚えていても、それを実践しようと本気では思っていなかった自分の至らなさを恥じ入ったのです。

心をベースとして経営する

稲盛さんの経営の特徴として、人間の心をベースに置いていることがあげられます。それは、京セラ創業三十五周年の際に発刊された『京セラフィロソフィ手帳』冒頭のメッセージにも明確に述べられていますので紹介します。

「私は今から三十五年前、周囲の方々の暖かい支援のもとに、七名の仲間とともに京都セラミック株式会社をつくりました。

会社を始めた頃は十分な資金もなく、立派な建物や機械もありませんでした。ただ私には、家族のように苦楽を共にし、お互い助け合える心と心で結ばれた仲間がありました。

そこで私は、人の心というものをよりどころとしてこの会社を経営していこうと決心しました。それは、人の心ほどうつろいやすく頼りにならないものもないかわりに、ひとたび固い信頼で結ばれれば、これほど強く頼りになるものもないと思ったからです。

その後、この人の心をベースとして京セラを経営していく中で、私はさまざまな困難に遭遇し苦しみながらもこれらを乗りこえてきました。その時々に、仕事について、また人生について自問自答する中から生まれてきたのが京セラフィロソフィです。

京セラフィロソフィは、実践を通して得た人生哲学であり、その基本は『人間としてこういう生きざまが正しいと思う』ということです。このような生き方で人生をおくっていけば、一人一人の人生も幸福になり、会社全体も繁栄するということを、私は社員の皆さんに訴え続けてきました。

こうした考え方に共鳴していただいた社員の皆さんが、人間のもつ無限の可能性を信じて、際限のない努力を続けてきたからこそ、今日の京セラの発展があるのです。

京セラがいつまでもすばらしい会社であり続けるために、そして一人一人がすばらしい人生を歩んでいくためにも、私は皆さんが京セラフィロソフィを体得し、実践していくことが何よりも大切であると考えています。

この節目の年に皆さんが京セラフィロソフィを今まで以上に真剣に受け止め、自分のものにしていただくことを心から願っております」

（サンマーク出版『京セラフィロソフィ』より）

京セラフィロソフィの第二章第一項は「**心をベースとして経営する**」ですので、それも紹介します。

「京セラは資金も信用も実績もない小さな町工場から出発しました。頼れるものはなけなしの技術と二十八人の信じ合える仲間だけでした。

会社の発展のために一人一人が精一杯努力する、経営者も命をかけてみんなの信頼にこたえる、働く仲間のそのような心を信じ、私利私欲のためではない、社員のみんなが本当にこの会社で働いて良かったと思う、すばらしい会社でありたいと考えてやってきたのが京セラの経営です。

人の心はうつろいやすく変わりやすいものと言われますが、また同時にこれほど強固なものもないのです。その強い心のつながりをベースにしてきたからこそ、今日までの京セラの発展があるのです」(同)

このように「心をベースとした経営」を根幹に置くことで、稲盛さんは、京セラだけでなく、ＫＤＤＩも、さらにはＪＡＬの再建も成功させることができたのです。

当然ですが、「心をベースとして経営する」というのは簡単なことではありません。稲盛さんが繰り返し強調しているように、人の心は移ろいやすく変わりやすいので、一般的には頼りにならないと思われているからです。

しかし、会社というものはもともと人間の集団であり、より深く考えれば、社員の意識の集合体といえます。そして意識というものが心の中にあり、人間の行動を決めるのであれば、その心のあり方を大切にするのは当然のことです。それゆえ、心をベースにした経営は簡単ではないかもしれませんが、間違いなく目指すべき姿だと思うのです。

いかにして社員の心をまとめ、士気を高めていくか

稲盛さんは、**「経営とはいかに全社員の心をまとめ、いかに士気を高めていくか」**であると教えています。だからこそ、**「社内に少しでも不信感があれば、経営はうまくいかない」**と注意を促し、**「一度社員に不平不満が生まれると会社全体がおかしくなる」**と警告をし、常に社員の心のあり方に気を配るべきだと強調しているのです。

心をベースとした経営の究極的な姿は**「経営者の意志を従業員の意志に変える」**ことです。そのためには、経営者を含めて全社員が思いを共有し、ベクトルを合わせることが必要です。経営者はそのための努力を怠ってはならず、**「経営とは従業員の共**

感を得る心理学」とも表現しています。

稲盛さんは京セラ創業直後から、社員と**「非常に親しい人間関係を作ってみたい」**と願っていたと言います。なぜなら**「嘘の関係では叱りもできない」**からです。そうした関係を作るために、**「京セラ創業当時、毎晩のように、一〜二時間、仕事の意義や目的、ビジョンを話していた」**と言います。さらに、コンパなど、胸襟を開き本音で話せる機会を設けたり、**「団結をするためには社員と一緒に楽しみを共有することも必要」**と運動会や夏祭りなど社内行事にも全員が参加するようにし、楽しい時間も共有できるようにしていたのです。

繰り返し説明している**「全従業員の物心両面の幸福を追求すると同時に、人類、社会の進歩発展に貢献する」**という経営理念を定め、人間としてあるべき姿を示したフィロソフィの浸透に力を入れるだけでなく、稲盛さんは日々の現場で社員の心のありように細心の注意を払いました。社員の心をまとめ、士気を高めていくために、地道な努力と創意工夫を続けてきたのです。

全員参加経営を実現させるために必要なパートナー意識

稲盛さんが、ある大企業のトップの方とフィロソフィについて打ち合わせしていたとき、**「経営の目的は全社員の幸福を実現することであり、そのために最も大切なことは全員参加経営を実現することだ。全社員が心を一つにして成功を目指せば、どんな事業でも成功することができる。フィロソフィもアメーバ経営もそのためのツールでもあるんだ」**と語っていました。それまでも同じようなことは聞いていたのですが、そのときはストンと腹に落ちた気がしました。

社員の誰にでも無限の可能性があるのですから、全員参加経営を目指すのは当然です。そのために、稲盛さんは**「全従業員の物心両面の幸福を追求する」**という経営理念を定めたのです。

しかし、それを呪文のように唱えているだけで、全員参加経営が実現できるわけではありません。では、どうすればいいのか。稲盛さんは、**「リーダーはことあるごとに部下のモチベーションや共同体意識を高める努力をすべきだ」**と教えています。そのためにまず大切になるのが、経営者と社員との人間関係です。上司と部下という上下関係が強すぎると社員が主体的に働いてくれるはずはありません。ですから、職制はどうあれ上司と部下は心と心でつながった**「対等なパートナーであるべき」**であり、**「パートナーシップで経営する」**ことが大事だと稲盛さんは強調しています。

稲盛さん自身、博愛的な人間観を持っていたため、経営者となっても**「上下関係は苦手だ」「同じ人間なのに人を見下すような人間にはなりたくない」**と話していました。

私個人との関係を考えても、稲盛さんは二十二歳も年下の私を単なる部下扱いはしていなかったように思います。たとえば、秘書になった最初の頃、一緒に移動しているときに「かばんを持ちましょうか」と聞くと、「いや、自分で持つ」と断っていました。打ち合わせの際も「お前はどう思う」と聞かれることのほうが多かったように思います。

こんなこともありました。あるとき稲盛さんから**「お前は、若いのに生意気だという幹部がいるぞ。もっと気を遣いなさい」**と注意されたのです。生意気という点は私にも心当たりがあり、反省したのですが、そのあとすぐに、**「でも俺には、今までと同じように何でも言ってくれ」**と付け加えられました。また、**「お前は俺に指示ばか**

りするけれど、お前は俺の指示には従わないじゃないか」と半分冗談のように言われたこともあります。当然、稲盛さんに指示をしたことはないのですが、お願いすることはたくさんあり、そのほとんどは受け入れてもらっていました。他方、稲盛さんからは山のような指示がありましたので、私が優先順位をつけて取捨選択するケースもありました。

普通であれば、絶対的な上司である稲盛さんにお願いをすることは許されないのでしょう。また、その指示は百%守らなくてはならず、一つでも抜けがあれば、叱られても仕方ないはずです。しかし、稲盛さんは私を一人の人間として扱い、私の立場をよく分かったうえで、私を励ます意味も含めてこのような発言をしたのだと思うのです。

私の例はやや極端かもしれませんが、稲盛さんは誰に対しても**「対等なパートナーであろう」**と気を遣っていました。ですから、誰もが自分の思いやアイデアを安心して伝えられたのだと思います。上司が部下を対等なパートナーのように扱うことは、全員参加経営を実現するためには不可欠なことなのです。

そのうえで部下のモチベーションを高めるために大切なことは、部下に対して**「あなたを頼りにしている」**と率直に伝えることだと稲盛さんは教えています。自分が

「頼りにされている」という上司からの言葉を嫌がる人はいません。その言葉は、間違いなくモチベーションを高め、全員参加経営の実現に役立つはずです。

逆に、上司が「私は偉い」と威張り、部下を頼りにする素振りを一切見せず、一方的な指示ばかりしていては、モチベーションも共同体意識も高まるはずはありません。

全員のモチベーションや共同体意識を高めるためには、夢を語ることも必要です。稲盛さんは**「希望が熱意を高める」**と話していましたが、現状が厳しければ厳しいほど、希望に満ちた夢を示すことは社員のやる気を高めるためにどうしても必要となります。

京セラ創業間もないときから、稲盛さんは、**「ちっぽけな町工場で始まったこの会社を、私は、町内で一番、つまり原町《はらまち》で一番の会社にしようと思う。原町一になったら、中京区《なかぎょうく》一になろう。中京区一になったら、京都一になろう。京都一になったら日本一になろう。日本一になったら世界一になろう」**と大きな夢を、熱く社員に語り掛けていました。

生まれたばかりの零細企業でしたので、最初は皆、半信半疑だったそうです。しかし、稲盛さんは毎日のように壮大な夢を語り、実際に京セラは成長を続けていましたので、いつの間にか、「そうなるかもしれない」「いや、きっとなるはずだ」と思うようになり、全員の熱意は高まっていきました。結果として、京セラはセラミックの分野で世界一の企業となったのです。このように、全社員に夢を語り共有することも、全員参加経営を実現するためには大切になるのです。

仕事の価値や頑張る意義を説明して社員を鼓舞する

京セラの存在意義は、**「全従業員の物心両面の幸福を追求すると同時に、人類、社会の進歩発展に貢献する」**という経営理念の後半部分、つまり、**「人類、社会の進歩発展に貢献する」**ことにあります。それは崇高であり、誰もが称賛できるものです。しかし、現場の社員から見ると毎日の仕事とは距離も感じられ、肌感覚からはちょっと遠いかもしれません。

稲盛さんは、京セラ全体の意義だけではなく、それぞれの部門の、また個々人の仕事の意義にまでブレイクダウンして説明し、納得してもらうべきだと教えています。たとえば、京セラの創業当時、間借りの古い木造社屋で、製造現場の若い社員は舞い上がるセラミック原料の粉塵《ふんじん》と近くにある高温の炉によって粉まみれ汗まみれになって働いていました。一日中、粉をこね、成形し、焼成し、加工するという単純作業ですから、つい油断をしてしまう社員もいます。

そのときに稲盛さんは社員を集め、「いま取り組んでいるテーマは、世界中でも一、二社しか取り組んでいない、まさに最先端の研究開発です。これが成功すれば、さまざまな製品に使われ、人々の暮らしに大いに貢献することになります。そんな社会的に意義ある仕事が成功するかしないかは、皆さんの日頃の働きで決まるのです」と仕事の意義を説き、社員を鼓舞しました。

このことを、稲盛さんは「ただ単に『やれ』『頑張れ』というのではなく、やる価値、頑張る意義まで説明しなければならない」と教えています。そして、「事業の意義が真我に近づけば大きなエネルギーを発揮する」とも説明しています。

真我とは人間の本質、心の中で一番美しいところといってもいいかもしれません。そこに仕事の意義が近づけば、先に説明した「宇宙の意志」と調和するようになります。そうすると、誰もが一生懸命取り組むようになるだけでなく、思いもよらない大きなエネルギーが得られるようになるというのです。

稲盛さんは、「新しいことを始めるときには、その明確な大義を含めた趣意書を作

るべきだ」とも教えています。なぜこのプロジェクトを、この事業を始めるのか、その意義を文章にまとめてみるべきだというのです。

これは当たり前のことのようですが、いざ自分で文章にしようとすると、なかなかまとまらず、いかに自分の思いが漠然としたものなのかを思い知らされることもあります。趣意書を作る作業そのものが事業の意義を再確認する貴重な機会にもなるのです。

稲盛さんが指摘しているように「**やる価値、頑張る意義**」まで詳しく説明している趣意書が作成できたら、それを一緒に仕事をするすべての人と共有すべきでしょう。そうすることで全員のベクトルを合わせ、モチベーションを高めることができるのです。

それは、新しい事業やプロジェクトを「始めるとき」にだけ必要なわけではありません。困難に直面したときに、その趣意書を読み返すことで初心に返ることもできます。さらには、大きく成長し、関係する人数が増えたときも、全員がその趣意書を共有していれば一体感を維持することもできるのです。

この、「**新しいことを始めるときには、その明確な大義を含めた趣意書を作るべきだ**」という教えは、「新しいこと」だけではなく、既存事業でも大切になります。その事業の大義を再確認し、趣意書を作り、全員と共有することは、事業をさらに発展させるためには不可欠になると私は確信しています。

ほとばしるエネルギー・熱意を持っているか——経営は強い意志で決まる

崇高な社会的な意義があっても、それですべてが順調に進むわけではありません。景気の変動もあれば、競争相手もいます。そこで大事になってくるのが経営者の強い意志、本気度です。景気が悪くなったからといって当初掲げた目標を簡単に諦め、業績予想を下方修正するようなことは、社会との約束を守らないことであり、人間として正しいことでもありません。どんな理由があっても下方修正は許されず、そのような**「意志の弱い経営者はすぐに交代すべきだ」**と稲盛さんは指摘しています。だからこそ、稲盛さんは**「潜在意識に透徹するほどの強く持続した願望を持たなければならない」**と強調しているのです。

しかし、リーダーが強く持続した願望を持っていたとしても、それを組織全体で共有できなければ意味はありません。だからこそ、先に説明したように**「経営者の意志を従業員の意志に変える」**という表現で、稲盛さんは、経営者の強く持続した願望を全従業員と共有し、全従業員の願望としなくてはならないと教えているのです。

そのときに注意すべき点があります。「次はこうしようと言ったときに、みんなが『ハイ、分かりました』と返事をしたら、これで安心だと思うかもしれないが、それで成功できる確率は三割ほど。みんなが『全力を尽くします』と答えてやっと五割程度。『全く同感です』と全員の顔つきも目つきも変わって、自分と同じ熱量を持つようになってはじめて九割の確率で成功できる」と稲盛さんは教えています。社員が「ハイ、分かりました」と答えるのは上下関係があるので当たり前です。ですから、ほとんど意味はありません。「全力を尽くします」と言ってくれるのはありがたいのですが、上司に忖度《そんたく》しているだけかもしれないので、そこで満足してもダメなのです。

稲盛さんは「心は隠しようがないほど顔に出る」と言っていますが、口先だけではなくて、目つきも顔つきも変わり、「全く同感です。その通りです。私にやらせてください」と本気になって、「経営者の意志が従業員の意志になる」までモチベーションを高めなくてはいけないと教えているのです。

研究者であった稲盛さんは、このことを「社員の心を励起《れいき》させなければならない」と物理学の専門用語を使って説明したこともあります。「励起」とは、外部からエネルギーを与えて相手のエネルギーを高めることです。つまり、経営者は自分のエネルギー、熱意を組織に注入し、組織のエネルギーを高めるべきだというのです。

稲盛さんは、「**話が通じないのであれば、『自分は相手が納得してくれるほどよく考えて話をしているのか、どれくらい情熱を込めて話しているのか』と自問自答すべき**」とも指摘しています。経営者は、相手の立場をよく理解したうえで、相手を励起させるほどのほとばしるエネルギー・熱意を持っているかどうかを自分に問わなくてはいけない。それが不足していれば、自分の意志を従業員の意志にすることなどはできないのです。だからこそ「**経営は強い意志で決まる**」と強調しているのです。

経営者は「怖がり」でなければならない——最悪を考えて万全の準備をする

初めて稲盛さんの秘書になって驚いたことの一つに、稲盛さんから「**私は怖がりだ**」と言われたことがあります。当時、稲盛さんは五十代後半、第二電電（現ＫＤＤＩ）を創業して軌道に乗せるなど、やることなすこと成功させていました。きっと怖いもの知らずの経営者なのだろうと思っていたので、「怖がり」と聞いてびっくりしたのです。

稲盛さんは**「いくら業績が良くても、いつも最悪のことを考えていた」**と語っています。さらには**「経営者は怖がりであり、予測できない未来に起こりそうなことに備えることが必要なんだ」**とも話していました。だからこそ、いつも万全の準備をして事に臨むことが習い性になったと言うのです。

稲盛さんが「怖がり」になったのは、少年時代・青年時代に不条理とも思える挫折や失敗を繰り返し経験したことが大きく影響しているのでしょう。若者らしく明るく大きな夢を抱いていたものの、何をしてもうまくいかない。人生では何が起こるか分からない。そのような不安感、さらには自分には能力も運もないという自覚があったために、怖がりにならざるを得なかったのです。稲盛さん自身、**「多くの挫折を経験し抑制的な性格になった」**と自分のことを評していました。

当然ですが、怖がりと臆病とは全く違います。臆病であれば、新しいことをしようとしても、何か大きな障壁があることが分かればすぐに断念し、結局、何のチャレンジもしません。しかし怖がりであれば、将来起こりそうな問題を事前に察知し、それを乗り越えるための対策を考えているので、自信を持って前に進むことができるのです。

この「怖がり」という言葉を別の言葉で表現すれば「謙虚」ということになります。

次から次へと事業を成功させても、「それは運がよかっただけだ、みんなが協力してくれたお陰だ。だから、ちょっとでも油断をして傲慢《ごうまん》になれば、運も逃げるだろうし誰も協力してくれなくなるだろう」。そのように考える謙虚さが必要になることも示しています。稲盛さん自身、経営者は**「勝気だが、怖がりでもある。用心深さ、謙虚さが大事」**と語っています。

「楽観的に構想し、悲観的に計画し、楽観的に実行する」

このことを稲盛さんは**「楽観的に構想し、悲観的に計画し、楽観的に実行する」**という表現を使っても説明しています。この中の**「悲観的に計画」**するとは、起こりうるあらゆる問題を事前に察知し、十分な対策を考えて、万全の準備をすることです。これは怖がりでないとなかなかできないことであり、楽観的に構想しただけで、楽観的に実行してしまえば、失敗してしまうというのです。

実際には、楽観的に構想し、楽観的に実行し、運よく成功したベンチャー企業もあります。しかし、その経験がかえって仇《あだ》となり、経営者が自分には才能があると過信し、悲観的に計画するという一番大切なプロセスの重要性に気が付かず、結果として、破綻《はたん》してしまうというケースも見られます。

ただ、自分で楽観的に大きな夢を描き、それを自分で悲観的に見直すという作業は自己否定にもつながりかねないため、言葉で言うほど簡単にできることではありません。

たとえば、新しい事業を始める際、親しい友人が客観的に見ておかしな点があると心配し、それを親切心で指摘しても、本人は、プライドもあるので、それを無視しようとすることもあります。他人の助言にも耳を貸さないのですから、自分で自分の構想を悲観的に見直すことは、心に中に大きな葛藤を生むのです。その葛藤に打ち勝つほどの強い精神力と謙虚さがなければ、悲観的に計画しようという動機はなかなか生まれてこないのです。

さらに、悲観的に計画するためには、稲盛さんが「**完全主義を貫く**」と言うように、あらゆる事態を「**見えてくるまで考える**」必要があります。それには途方もない時間と労力が必要となりますので、そんな面倒なことはできないと、形だけの悲観的な計画をするというプロセスを経て、結局は楽観的に実行し、失敗してしまうケースもあります。

このように「悲観的に計画する」ことは、簡単ではないので、稲盛さんは、悲観的に計画する能力が自分に欠けていると思うのであれば、せめて悲観的に計画できる慎重な性格の人間を補佐役につけるべきとアドバイスしています。

稲盛さんは、一九八五年にKDDIの前身となる第二電電を創業し、当時のガリバー企業NTTに挑戦します。その頃の京セラは売上二千億円余りの中堅企業でしかなく、その挑戦はドン・キホーテのようだと揶揄《やゆ》もされました。

しかし、稲盛さんは、悲観的に計画する中で、京セラには千五百億円の手持ち資金があるので、京セラの社員に迷惑をかけることなく千億円程度は使えると判断し、電気通信事業に挑戦することを決めました。その結果、第二電電という巨大プロジェクトを楽観的に実行することができたのです。

2 正しい数字で経営する

「正しい数字は一つしかない」――数値管理は緻密でなければいけない

稲盛さんの経営は渋沢栄一の「論語と算盤《そろばん》」そのものです。人間としての正しいあり方、つまりフィロソフィをベースにすると同時に、正しい数字で経営することが両輪になっているのです。

その数字について、稲盛さんは**「正しい数字は一つしかない。それが経営の原点だ」**と語っています。そのために稲盛さんは、**「数値管理は緻密でなければいけない」**と教え、自社の詳細で正しい経営実態が数字で説明できない経営者に対しては**「会計が分からんで経営ができるか」**と厳しく叱責《しっせき》しています。

その基本となる管理会計の原則は稲盛さんの著書『稲盛和夫の実学』（日経ビジネス人文庫）に詳しく述べられていますが、その中でも一番大事なことは**「一対一対応の原則」**です。これは「品物とお金が動けば必ず伝票が起票され、それが品物やお金とともに動いていく」ということです。モノの動き、お金の動きがすべて一対一で処理されるため、いわゆるどんぶり勘定はなくなり、不正な会計処理やミスを防ぐことができます。

稲盛さんは、これに加え**「ダブルチェックの原則」**の必要性も強調しています。人間の心は弱く、誰かが見ていないとつい魔が差し、出来心を起こして不正を働いてしまうことがあります。ですから、どんな細かな経費処理でも、いくら面倒くさくても、一人では処理せずに、ダブルチェックをしなくてはならないと教えているです。

「数値管理が緻密でない企業はいつか破綻してしまう」と稲盛さんが指摘しているように、「一対一対応の原則」や「ダブルチェックの原則」など最も基本的な処理を徹底させることは、**「企業内の不正を未然に防ぎ、さらにはモラルを高め、会社に対する社員の信頼感を増す」**という点で健全な企業経営には不可欠であり、不正を起こさせないという意味では、社員に優しい仕組みでもあるのです。

さらに稲盛さんは**「ガラス張りの経営の原則」**も大切にしています。正しい数字をリアルタイムにオープンにすることで、社員の経営への参画意識と信頼感を高めることができるのです。

「わが社では社内の掲示板に損益計算書など財務諸表を常時オープンにして、見える化しています」という言葉を聞くことがあります。しかし、財務諸表は現場の社員にはよく分かりません。稲盛さんの**「ガラス張りの経営」**とは**「部門別に家計簿のような分かりやすい採算表を作って、それをリアルタイムでオープンにする」**ということであり、社員は自部門だけでなく他部門の経営状況、たとえば昨日の売上がいくらで、何に経費を使っているかも分かるようにするということなのです。

稲盛さんは**「社風とシステムを一致させる」**と話していたこともあります。「人間として正しいことを実践する」とか「全員参加経営を実現する」というような社風を作りたいのであれば、全社員を対象としたフィロソフィ教育システム、公明最大な人事制度、誰でも正しい数字がリアルタイムに分かるような管理会計のシステムなどを作らなければならず、目指すべき社風と経営システムに矛盾があれば、混乱を招くだけだと指摘しているのです。

経営者は数字の裏にある物語を把握しなくてはならない

正しい数字がリアルタイムで、しかも部門別に出るようになれば、経営者はその正しい数字で経営ができるようにならなくてはなりません。稲盛さんは、**「経営は言葉ではなく数字でしか表現できない」**と教えています。いくら饒舌《じょうぜつ》な言葉で経営状況を説明しても、数字以上に正しい経営実態を説明することはできないのです。

稲盛さんは**「経営者は恐ろしいほど数字が分かるべきだ」**とも強調していますが、その数字とは単に売上や利益だけではなく、詳細な科目ごとの数字も意味しています。その数字の時系列での変化や予定と実績の差を見て、経営者は現場で何が起こっていて、何が問題なのかが手に取るように分からなくてはいけない。つまり、**「経営数字が物語に見える」**ようになるべきだと教えています。各部門の採算表を見て単に数字の羅列だと思うのではなくて、その数字の裏にある社員の喜びや悲しみが目に浮かび、それが物語のように分かるようになるべきだというのです。

ところで、財務諸表であれ、採算表であれ、そこに出てきている数字を見て、何が問題かを即座に把握する特殊な能力を稲盛さんが持っているように感じていたのは私だけではないでしょう。「恐ろしいほど、数字が分かる」のです。

ただ、その能力は自然に身についたものではないはずです。先ほども説明したように「極めて高い集中力と洞察力」があったからであり、その「集中力と洞察力」は常日頃から神経を研ぎ澄まし、物事に真剣に向き合う中で磨かれたものだからです。その結果として、稲盛さんは**「異常な数字が目に飛び込んでくる」**ほど、恐ろしく数字が分かるようになったのです。

稲盛さんは「正しい数字で経営する」ためには、**「数字に対して謙虚でなければならない」**ことも強調していました。たとえば、実績数字が悪くなったときに、その責任を取りたくないために、いくら言葉で言い繕っても意味はありません。どんな悪い数字であろうと言い訳をしてはならず、数字に謙虚に向き合い、その原因を探り、対策を取るようにしなければ、経営者として成長できないのです。

「一人一人の社員が主役」——アメーバ経営の実践

松下幸之助さんは自分の経営スタイルを「全社員経営」と言われましたが、稲盛さんは同じような意味で**「全員参加経営」**と言い、それを**「一人一人が経営者」「一人一人の社員が主役」**、さらには**「全員重役経営」**などとも表現しています。

松下幸之助さんも稲盛さんも目指す経営の方向は同じだと思います。しかし、私は、稲盛さんのほうがより一人一人の社員のモチベーションに配慮した経営をしているように感じました。

稲盛さんは、全員参加経営を目指す理由を**「誰もが頑張ったと認められたい。一瞬一瞬を有意義に生きたいと願っている」**のだから、社員に**「押しつけるのではなく、自分からやらせるべきだ」**と語っていました。そのためには、全社員が**「言われたことだけをやるのではなく、全体のことを考え、自分で判断し、行動するようになることが大切だ」**と説明しています。一人一人の社員が**「自分の役割を考える。会社への貢献が目に見えるようになる、仕事が面白くなる」**ようにすべきだというのです。

その思いをシステム化したのが、稲盛さんの経営手法の代名詞のように言われるア

メーバ経営です。

稲盛さんは、経営で一番大切なことは全員参加経営を実現することであり、アメーバ経営はそのために必要な経営手法だと話していました。

アメーバ経営においては、先ほど説明したように**「一人一人が経営者」**であり、**「一人一人の社員が主役」**です。これは全員参加経営というより、稲盛さんの言う**「全員重役経営」**なのかもしれません。つまり、一人一人の社員が中小企業の社長や役員のような責任感とやる気を持って仕事ができる仕組みなのです。

アメーバ経営では、組織を事業ができる最小単位に分けて、それぞれにリーダーを置きます。これを稲盛さんは**「組織を小さく分けないと現場に関心が向かない」**ので**「事業を因数分解して、できるだけ多くの採算部門に分ける」**とも説明しています。

このとき注意すべきことは**「複合体のデータを見て判断してはダメ」**ということです。一つのアメーバに売上や経費の性質が違う事業体が混在していると、正しい判断、正しい経営はできないからです。

アメーバ経営を正常に機能させるために、リーダーは事業の内容・人やモノ・お金の流れを正しく理解し、社内売買や口銭の利率など多くの取引ルールを本社の担当部門と相談のうえ、設定しなければなりません。そのうえで、メンバー全員がよく分かる家計簿のような採算表を作る必要があります。そのため、リーダーは**「実際の現場の伝票処理まで正しく分かっていなければならない」**と稲盛さんは注意しています。

会社経営者も当然、それぞれの現場の実情を十分理解したうえで、全社で整合性・合理性のある精緻な管理会計のシステムを築き上げなければなりません。それがアメーバ経営の組織運営の基盤となるからです。それゆえ、稲盛さんは**「経営を科学したのがアメーバ経営」**との表現もしていました。

アメーバ経営では、十名程度で組織される小さなアメーバと呼ばれる事業体を作り、各アメーバのメンバー全員で**「売上最大、経費最小」**を目指します。売上が増えれば人数を増やし、売上が減れば人数を減らすこともできます。それは変幻自在なアメーバのようだというので「アメーバ経営」と命名されました。

アメーバは中小企業のような小さな事業体ですので、リーダーは社長となり、他のメンバーにも役員のような重い責任と権限が与えられます。それで、稲盛さんは「全員重役経営」と呼んだわけです。その根底には、誰にでも無限の可能性があるという稲盛さんの人間観があります。その意味では、「アメーバ経営は人間尊重のシステム」と言ってもいいでしょう。

稲盛さんは、**「経営が厳しいとき、もっと働こうという声が社員から出てくることが大事」**であり、**「苦しいときに一致団結できれば強くなる」**と教えています。アメーバリーダーは若いときから経営数字に強くなるだけでなく、厳しい経験を経ることでリーダーとしていかにあるべきかを体得でき、成長することもできます。その点で、アメーバ経営はリーダー、経営者を育成する仕組みでもあるのです。

全員参加で立てた予定だから「百%達成」が求められる

アメーバ経営の運営は、全員で翌年の詳細な年間マスタープラン作成することから始まります。実年度が始まると、そのマスタープランをもとに、今度は全員でより詳細で具体的な月次の予定を立案し、その達成を全員で目指します。

その立案プロセスは、先ほど説明した**「経営者の意志を従業員の意志に変える」**プロセスとも言えます。予定の立案は、年間であれ、月次であれ、稲盛さんは、**「トップダウンとボトムアップの融合でなければならない」**と話しています。

予定組みの際、上司はどうしてもやや高めの目標を掲げようとしますが、現場の社員は実情が一番分かっているので、やや保守的な目標を目指そうとします。そこには当然乖離《かいり》が生まれますが、それを上司が力ずくで埋めるのではなく、十分な時間をかけて、徹底的に議論し、トップダウンとボトムアップを融合させた、誰もが心の底から納得できる予定を組まなくてならないというのです。なぜなら、全員が達成できると心から信じている予定であれば、必ず実現できるはずだからです。

稲盛さんは、**「アメーバ経営は予定組みに始まり、予定組みに終わる」**と説明し、このように全員参加で徹底した議論に基づいたマスタープランや月次予定の作成プロセスの大切さを強調しています。

そのようにして作成された直近の月次予定は、丁寧なプロセスを経て全員の総意のもとで決められたはずですので、下振れも上振れもない百%達成が求められます。ですから、九十九パーセントの達成率であれば普通はよくやったと褒められるのでしょうが、稲盛さんは**「それが一番だらしない。あとの一%が達成できなかったとすれば、それはリーダーの執念の問題だ」**と厳しく指摘していました。

このような数字への厳しさは、JALでも同じでした。当初、毎月三日間にわたり開催されていた業績報告会では、部門ごとに売上科目ごとや経費科目ごとの予定が百%達成できないと、稲盛さんはその理由を厳しく追及していました。その結果、月次予定を百％達成できる責任感があり、しかも数字に強いリーダーが育っていったのです。

稲盛さんはアメーバ経営を正常に機能させ、全員参加経営を実現させることができれば、どのような事業でも成長発展させることができると話しています。一方で、アメーバ経営を単純に業績アップのための便利なツールとして形だけ真似して、結果として正常に機能させることができなければ、リスクもあると率直に話しています。たとえば、アメーバリーダーが自部門の利益ばかりを考えて利己的な経営判断をするようになると、他部門との軋轢《あつれき》が生まれ、会社がバラバラになってしまうというのです。

そのリスクを避けるためにも、稲盛さんは、自部門だけでなく会社全体のことも考えられる、利他的で数字に強いリーダーを育成することが大事であり、また独立採算部門が増えても、社員全員が人間として正しい判断をし、他部門への思いやりを忘れない利他的な考え方を、つまりフィロソフィを共有できるようにすべきだと強調していました。それがなければ、アメーバ経営を正常に機能させることはできないからです。

そのため、ＪＡＬではまず徹底したリーダー教育を行い、次にＪＡＬフィロソフィを作成し、それをベースに全社フィロソフィ教育を進めました。万全な準備をしたうえでアメーバ経営を導入したのです。その結果、アメーバ経営は最初から正常に機能し、全社員が自部門の採算向上に主体的にかかわるようになりました。つまり、全員参加経営が実現できるようになり、ＪＡＬは短期間に高収益企業へと生まれ変わったのです。

当然ですが、アメーバ経営は、決して楽をして高収益を実現するような便利な経営システムではありません。これまで説明してきたように、緻密な管理会計の仕組みや分かりやすい採算表を作らなければなりません。また継続的なリーダーや社員教育も必要となります。このように導入には多くの準備が必要であり、その運用も簡単ではありません。

しかし、アメーバ経営を正常に機能させ、全員参加経営を実現させることができれば、その効果はＪＡＬが示しているように想像を超えたものになると私は確信しています。

ところで、私が稲盛さんの秘書になった最初の頃、ある官僚の方が稲盛さんに「アメーバ経営とはなんですか？」と聞かれたことがありました。すると稲盛さんは、相手の方が経営には素人だと分かっていたので**「ゲームみたいなものです」**と答えました。

みんなで毎日一生懸命仕事をし、その結果がどうなっているのか気になって仕方がない。翌朝、自部門だけでなく他部門の結果が発表されると、「昨日は隣のアメーバに負けてしまった」と全員で悔しがり、「今日は負けないぞ」と、みんなが意気込む。このように**「ゲームのような感覚で社員一人一人が楽しみながら経営に参加するのがアメーバ経営です」**と稲盛さんは答え、さらに**「アメーバ組織は原始共同体のようなところもあり、一体感が極めて強くなるのです」**とも説明していました。

少人数で、「明日はどうしよう」「来月はどうしよう」と毎日のように喧々諤々《けんけんがくがく》の議論を重ね、実践していく。そのプロセスの中で、経営にとって最も大切な強い一体感が生まれるのです。私はその会話を横で聞きながら、アメーバ経営の一つの重要な側面が分かったような気がしました。

全員で主体的に生産性を高め、高収益体質を実現するアメーバ経営

さて、アメーバ経営の最も重要なＫＰＩ（重要業績評価指標）は「時間当たり採算」

です。「時間当たり採算」とは、そのアメーバが生み出した総付加価値を総労働時間で割ったものであり、一時間当たりどれだけの付加価値を生み出したのかを示しています。

「時間当たり採算」を向上させるためには、総付加価値を上げ、総労働時間を減らすことが必要です。ですから、現場ではいかに労働時間を減らすかも常に考えるようになります。その結果、より短い時間でより多くの付加価値を生む、つまり生産性を上げることができるようになり、自然と高収益になるのです。

以前アメーバ経営を勉強したことがあるという経済産業省の幹部と話したとき、彼は「日本人の長時間労働を是正し、生産性を上げるためには、アメーバ経営しかない」と話していたのですが、私も同感であり、アメーバ経営がもっと普及していけば、多くの日本企業がＪＡＬと同じように、生産性の高い、高収益企業に生まれ変われると私は信じています。

稲盛さんはアメーバ経営について「フィロソフィを浸透させ、あとはやりたい人に任せるのがアメーバ経営、つまり、世のため人のために事業を伸ばすという強い思いのある人に経営を任せる。それが組織力を最大限生かせることになる」とか「アメーバ経営では、問題があればオートマチックに自発的に解決できる」というような説明もしています。

実際の運用については「現場の工夫に任せる。そこで現場が工夫を続ければ強くなる。ただ、任せる前提は考え方が同じになっていること」とフィロソフィの浸透が前提になっていることも訴えていました。

3 新しいことを始める

「同じことを毎日繰り返してはならない」――俺は一瞬たりとも止まっていない

稲盛さんは、「人間だけでなく、この世のあらゆるものが一瞬として同じではなく、進歩進化を続けている。それは宇宙の意志でもある」と説かれていました。確かに、私たちの生活を見ても、ここ十年ほどでも、デジタル化が急速に進み、誰もがスマホを使いこなせるようになりました。テレビも大型化し、ＥＶ（電気自動車）も増えています。数年前のコロナ禍の際、コロナウイルスが日々変異を遂げていることを知り、驚いた人も多いのではないでしょうか。

このようにすべてのものが日々進化を遂げている中で、自分だけが昨日と変わらない仕事をしているようであれば、それは後退を意味します。稲盛さんは**「俺は一瞬たりとも止まっていない」と言い、「同じことを同じように毎日繰り返してはならない」「昨日より今日、今日より明日と創意工夫を重ね進歩発展していくべきだ」**と教えていました。

このことは当たり前のように思えますが、どうしても私たちは、何も変えないほうがいい、前例を踏襲すればいいと思いがちです。特に、一度褒められた仕事であれば、そこで満足して思考停止になることもあるように思います。

私自身、稲盛さんに「よくやってくれた」と褒められ、翌年も同じようにしたところ、**「去年と同じことをしていて、生きているかいがあるか」**と問われ、**「お前は一年間死んでいたのか」「お前の生きている証はないのか」**と詰問されて目が醒めるような思いをしたことを覚えています。

考えてみれば分かることですが、いつも同じことをするのであれば、誰でもできます。私の価値は、すべての仕事を日々進化させることでしか生まれないのです。しかし、単純な思考の私は、一度「よくやった」と褒めてもらうと、そこで思考が停止し、同じようにすることがベストだと勝手に思い込んでしまっていたのです。

現場においては、稲盛さんは**「同じことを一年以上続けてはならない。日進月歩、そのためには現場の人を大切にすることだ」**と力説していました。稲盛さんと一緒に、ある工場の新しい生産ラインを視察した際、稲盛さんは**「素晴らしい生産ラインだ。ありがとう」**と褒めたあとで、**「来年来たときに同じことをやっていたら許さんぞ」**と釘を刺し、**「これまでにできたものに安住すると進歩は止まるぞ」**と注意をしていました。

人は褒められた瞬間に思考停止になってしまうことを稲盛さんはよく分かっていたので、褒めると同時にその先の進化を促す言葉を忘れない、これが稲盛さんの指導法なのです。

また、研究開発の人に対しては、**「今の技術に意固地になっていないか？　それは技術者のエゴ、独善だ」**と指摘し、**「一つの技術から夢をどれだけ広げられるかが大事なんだ」**と技術を進化させる必要性を強調していました。

間接部門の人間に対しても、日々改良改善することを常に指摘していました。たとえば、経理の人に**「なぜ昔と同じ伝票を使っているのか？　どのような伝票がいいの**

か考えたことがあるのか、それは科学だ」と助言していたこともあります。

何も考えずにいつもと同じやり方で仕事を進め、それが当たり前だと思っていることでも、常に見直し、改良改善をすることが大切だと教えていたのです。

稲盛さんは、**「私たち日本人は農耕民族であったため、毎年、同じ時期に同じことをしていれば、それでうまくいくと思い込んでいるところがある。一方、狩猟民族であった欧米の人々は、同じことをしていては獲物は捕れないことを知っていて、常に変えること、進化させることが習い性になっている。これからは欧米の国々と厳しい競争をしなければならないので、日本人は『これでいいのか、これでいいのか』と常にクリエイティブに考える習慣が大事だ」**と語っていました。その姿勢が現在の日本には間違いなく問われていると思うのです。

「決してできないと人から言われたもの」に挑戦する

一九九〇年初頭、日本経済が絶好調の頃、アメリカで出版され、ベストセラーになった『ネクスト・センチュリー』という本があります。この本の著者で、ピュリッツアー賞を受賞した世界的なジャーナリスト、デイビッド・ハルバースタム氏は、当時、世界第二位の経済大国にまで成長した日本を代表する企業の一つとして京セラを取り上げました。ハルバースタム氏は稲盛さんを取材し、その感想などを同書で十数ページにわたってまとめています。その中で、ハルバースタム氏は稲盛さんを次のように紹介しています。

「卓越することへのあくなき努力、そしてその背景にある献身的な義務感に思いを馳せるとき、わたしにはきまって稲盛和夫のことが頭に浮かんでくる。稲盛は日本で目覚ましい成功を遂げた京セラの会長である。（中略）彼は自らの会社を技術の最先端に導いた。いったん成功を収めたことがらには二度と関心を示すことはない。『次にやりたいことは、わたしたちには決してできないと人から言われたものだ』と語る」

稲盛さんは、ハルバースタム氏がこの本で述べているように、**「決してできないと人から言われたもの」**、つまり全く新しいこと、不可能とも思えることに挑戦し続けてきました。

その開発手法を稲盛さんは**「アスファルトの道ではなく、あえてあぜ道を歩く」**とたとえています。アスファルトの道とは、既に皆が知っている安全で迷うことのない道です。多くの人がアスファルトの道を選び、自動車のような便利な乗り物を使い、決められた道路標識に従って進みます。しかし、それでは新しいものが開発できるはずはありません。

一方、あぜ道とは、田んぼの中の道とも言えない道です。方向を示す目印も何一つなく、ヘビやヒルなどの危険が常に待ち受けています。ぬかるみに足をとられて先に進むことも容易ではありません。しかし、稲盛さんは、「決してできないと人から言われたこと」に挑戦するためには、あえてこのような「あぜ道」を選ばなくてはならないと指摘しているのです。

ハルバースタム氏は同書の中で、豊かになった日本には、稲盛さんのようにあえて「あぜ道」を選び、「決してできないと人から言われていること」に挑戦する経営者がいなくなり、日本経済は衰退する可能性があると警鐘を鳴らしていました。残念ながら、現在の日本経済はその通りになりつつあります。

稲盛さんもハルバースタム氏と同様に、近年、日本では誰もが舗装された「アスファルトの道」を歩きたいと願い、その結果、新しいものが生まれなくなっているのではないかと危機感を募らせて、**「不可能と思えるようなことに挑戦する気概を、また、あえて『あぜ道』を選ぶ勇気を失わないでほしい」**と繰り返し語っていました。

その「あぜ道」をあえて選ぶ際の心構えとして、稲盛さんは**「人生はもっと価値が**

あるはずだ。チャレンジは怖くない。うまくいかなくても謙虚に耳を澄ませば、正しいやり方が聞こえてくる。そうして成功するまで頑張ればいい。そこには限界はない。そのような心境に達することが重要」と研究者たちを励ましていました。

また、「クリエイティブなことを成功させようとしても、どうすれば成功できるかを前もって検証できるわけではない。そこで不安感を払拭《ふっしょく》し、ぎりぎりの集中力で努力を続ける。苦しみもがくことによって、神の啓示とも言えるひらめきが得られる。しかし、ひらめきだけでは創造的なことはできない。万全の準備が必要となる」ともアドバイスしています。

この「ひらめき」については、別の場面でも、「ひらめきを得る人は多いが、それを実践できる人は少ない」とも指摘し、アイデアを思いついただけでは意味がなく、それを結実させるためには「万全の準備が必要となる」とも指摘しています。

「やりたいからやる」という〝思い〟がすべての原動力

同じような趣旨で、「できるからやるんじゃない、可能性があるからやるんじゃない。どうしてもやりたいからやるんだ」とも話しています。心の底から、それをどうしても実現したいという〝思い〟こそがすべての原動力になるというのです。そのとき必要なものが自由な精神・発想だと語り、**「真のイノベーションを起こそうと思えば、何にも頼らない無頼性が不可欠になる」「頼らないということが、心を自由にする」**とも教えています。それを私たち日本人は失いつつあるように、私は感じています。

この「どうしてもやりたいからやるんだ」という強烈な思いが大切になるのは、技術開発や新規事業だけではありません。充実した日々を歩んでいこうとすれば、そのような強烈な思いが不可欠になるのです。

たとえば、多くの高校球児たちが「どうしても甲子園に行きたい」と炎天下で練習に明け暮れています。また、自分の夢をどうしても実現したいと、幾多の困難があるのを承知のうえで大企業を離れ、ベンチャー企業を創業する若者も多数います。

私自身も高校生のときに、大学進学後は「どうしても世界一周をし、世界を知りたい」と強く思い、自分なりに周到な準備をして実現させることができました。京セラに入社し、10年近くたったとき、どうしてももっと経営について学びたいと願い、準備をし、社費で米国の経営大学院に留学させてもらい、幸運にも首席で卒業することもできました。その過程は、外から見ると、苦労の連続のように見えるかもしれませんが、本人からすれば、最も充実した日々なのです。

そのような「どうしてもやりたい」ことを見つけることが大切だという人もいますが、それは探すものではなく、心の中から湧き出てくるものでしょう。「どうしてもやりたい」という思いが心の中に生まれてきたときに、それに真正面から取り組むことが必要なのであり、稲盛さんの多くの言葉もそれを示唆しているように思います。

新しいことを始めるにも「慎重さと謙虚さ」が必要

新しい製品やサービスを次々と生み出している技術者や経営者に対して、稲盛さんは**「才能、機知に富んだアイデアがあり、たまたまうまくいくとちやほやされ、浮かれてしまい、暴走し、破滅する」**と注意を促しています。そして、技術開発をするときにも**「慎重さと謙虚さが必要」**と戒めています。

毎年のように画期的な新製品やサービスを生み出し急成長する企業も出てくるのですが、業績のアップダウンが激しく、長続きしない企業のほうが多いように思います。「慎重さと謙虚さ」を失い、稲盛さんが指摘しているように「ちやほやされ、浮かれてしまい、暴走し、破滅する」企業も残念ながら多いのです。

技術開発のテーマや新規事業についても、「才能、機知に富んだアイデアがあり、たまたまうまくいった」経営者は、自分の才能を過信し、その後は、安易に流行を追い、思いつきで新製品開発や新事業を始めようとすることがあります。そのことに対して、稲盛さんは**「自分で理屈がよく分かり、自分でやれるものしか成功しない」**のだから、やはり慎重さと謙虚さが必要になるのだと指摘しています。

しかし、人間の心は弱く、ちょっとした成功で浮かれてしまうと、残念ながら、自分に慎重さや謙虚さがなくなっていることにさえ気付かないものです。だからこそ、稲盛さんは、才能があればあるだけ、自分をコントロールする「**哲学**」や「**平常心**」が大事になると強調しているのです。

「社員を幸せにする」ために、外部の有能な人材を登用する

「全従業員の物心両面の幸せを追求」するためには、低収益・低成長ではなく、高収益・高成長でなければなりません。そのためには自助努力が最も大切になるのですが、それでビジネスチャンスを逃したり、技術開発のスピードが遅くなってしまえば、経営の目的の実現は遠のいてしまうかもしれません。

稲盛さんは能力よりも人間性を重んじていたため、外部の能力のある人を活用するようなことはしなかったのではないかと思われるかもしれませんが、実際はそうではありませんでした。

たとえば、新規事業を始める場合、古くから京セラにいるメンバーではどうしても力不足で、外部から有能な人物を連れてこなくては前に進めるのが難しいこともありました。すると稲盛さんは、まず現場の社員に**「君たちが一所懸命頑張ってくれていることはよく分かっている。しかし、京セラをもっと良くしていくために、外部の優秀な人材を連れてきたいと思っている。恐らく皆さんの上司になると思うが、みんなが反対するなら連れてこない。どう思うだろうか？」**と意見を求めました。

外部から突然やってきた人が自分の上司になるというのは誰にとっても不安です。「自分たちではダメなのか」と自信をなくしたり、反発もしたくもなるでしょう。そういうことをすべて承知したうえで、このような質問をしたと言います。

そう聞かれれば、社員も「会社を成長させるためならぜひ来てほしい」と答えます。それで皆が同意したら、それ以後は何があっても「自分たちで決めたことだから、一緒にやろう」となるのです。

人間性を重視すると言いながら、時と場合によっては外部の有能な人材を登用したため、「稲盛さんは言っていることとやっていることが違うじゃないか」と批判する人もいました。しかし、それは違います。自分たちは堅い絆で結ばれている同志だという思いだけでは、いくら頑張っても限界があります。そういうときにも「我々はまだ力が不足しているのだから、能力のある人の力を借りることも大事なんだ」という謙虚な姿勢が必要なのです。それは経営の目的である「社員を幸せにすること」を達成するために必要なことでもあるです。

4 事業を成長させる

赤字の事業はあり得ない――営業利益率二十％以上を目指す

稲盛さんの経営に対する思いは「全従業員の物心両面の幸福を追求する」という一点に集約されています。それはどうすれば実現できるのか、当たり前ですが、高収益であり続けなければなりません。高収益でなければ、社員の処遇をよくすることも、福利厚生を充実させることも、事業を成長させるための新規投資をすることもできないのです。また、高収益でなければ、不況になったときに耐えきれず、倒産してしまうかもしれません。

それゆえに稲盛さんは京セラ創業時から常に高収益を目指していました。高収益とはどのくらいのレベルを指すのかと言えば、稲盛さんの著書『高収益企業の作り方』（日本経済新聞出版刊）では、営業利益率二十％以上とあり、また事業をする以上、どんな規模であれ最低利益率は十％以上でなければならないと言い、**「高収益でなければ本当の成長はできない。キャッシュフローの利益にこだわるべきだ」**とも語っています。

稲盛さんは、日本経済の大きな課題は、多くの経営者が「利益率を上げる」という経営にとって最も重要で最も困難な目標を避け、安易に規模の拡大を図っていることだと指摘しています。そして**「低収益のまま規模の拡大を目指すと、いつか破綻する」**と言い、**「利益率を上げることから逃げるようでは経営者失格だ」**と戒め、**「低収益で満足していると、組織は弛緩《しかん》し、安逸をむさぼるようになり、企業は衰退し続ける」**と警鐘を鳴らしています。当たり前ですが、利益を生み出さない事業規模の拡大には、なんら価値はないのです。

新しい事業を始める際にも、**「先苦後楽。一気に苦労し、高収益にすれば、あとは**

楽になる」と指摘し、**「最初に必死な努力を重ねて損益分岐点を下げるべきだ。高収益の基盤を作れば、あとは売上を増やせばいいので、それほど苦労はしなくても高収益を維持できる」**と教えています。

また、既存事業については、**「売上があれば必ず黒字にできる」「なぜなら、黒字になるまで経費を減らせばいいからだ」**と説明しています。収益性を高めるための難しい戦略を考える前に、どこにいくら経費を使っているのか細かくチェックし、黒字になるまで経費最小に努めればいいというのです。

赤字の事業はあり得ないというのが稲盛さんの基本的な考え方です。**「人間は誰でも貴重な存在なんだ」、「その人間が一度しかない人生を精一杯生き、働いている」「そうであれば、社会に付加価値を残すのが当然だ」**と言うのです。それゆえに、**「赤字ということは、他の人が一生懸命働き、社会にもたらした付加価値を奪っていることになる」「損をするために働いているのか。そんなことがあるはずはない」**と強く戒めています。

つまり、貴重な存在である多くの従業員が精一杯生き、働いているのだから、赤字はあり得ず、高収益が当然だというわけです。

高収益を目指す際に大切なのは、**「従業員が高収益は可能だと信じられる仲間でなければならない」**ことだと稲盛さんは教えています。社員が、自分たちがやっている事業ではいくら頑張っても黒字スレスレが限界だと思っていたのでは、何の工夫も生まれず、高収益になるはずはありません。

ですから、まず経営者が自分の事業は高収益にできると信じ、その思いを全社員と共有し、誰もが自分たちの仕事は必ず高収益にできると信じていることが不可欠になるというのです。そうすれば、社員の中に「低収益なことはおかしい」という疑問が生じ、自然と創意工夫が生まれ、必ず高収益になっていくというのです。

その典型例はJALの再建でしょう。稲盛さんは、JAL着任後すぐに、**「最低でも営業利益率十%を達成できなくては、事業をしている意味はない」**と幹部に発破をかけました。ところが、長年の赤字体質が染みついていたこともあって、幹部の人たちは「稲盛会長は航空業界のことは何も分かっていない。京セラのような製造業やKDDIのような通信事業では高収益が可能かもしれないが、JALのような航空産業ではあり得ない」「そもそも世界の航空業界では、黒字であれば問題ないと言われている」「過去JALが黒字のときでも数パーセントの利益しか出ていなかった」と主張し、経費削減を要求すると「既に乾いた雑巾を何度も絞ったので、もうカラカラで削減の余地は全くありません」と反発していました。

しかし、稲盛さんが**「高収益を目指さないとまた同じように倒産するぞ。自分たちのためにも最低でも十%の利益率を目指すべきだ」**と繰り返し話す中で、幹部をはじめ、全員の意識は徐々に変わり、再建初年度は十%を大きく超える利益率を上げることできたのです。それによって**「従業員が高収益は可能だと信じられる仲間」**になり、その後も十%以上の利益率を維持し、財務体質を大幅に強化することができました。その結果、コロナ禍という異常事態を乗り越えることができたのです。

コピー代はいくらか？——全社員に求められるセンシティブなコスト意識

京セラを創業する際、技術者でしかなかった稲盛さんは、経営はいかにあるべきかわからず、大変悩んだと言います。しかし、よくよく考えると経営とはそれほど難しいことではなく、売上を最大にして経費を最小にすれば残りが利益になる。だから、全員で**「売上最大、経費最小」**を目指せばいいことに気が付きます。それが全員参加経営とつながっていくのです。

京セラは製造業ですので、稲盛さんは常に製造現場での無駄の削減に注意を払っていました。工場へ行けば「床にネジが落ちている。このネジ、一本いくらだ」とか「原料がこぼれている。この原料は一グラムいくらだ」と問いかけて、現場社員の経費に対する感度を高めていきました。

間接部門の人には「塵箱《ちりばこ》に何が入っているかを見たら、何を無駄にしているか分かるんだ」とコスト意識を高めるように促していきました。

稲盛さんは、「神は細部に宿る」とよく言っていましたが、本気で「経費最小」を実現しようと思うのなら「全社員にものすごいセンシティブなコスト意識が必要だ」と語り、普通は気が付かないような細部にまで無駄がないか目を凝らさなくてはならないと教えていきました。

そのためのツールの一つが、アメーバ経営で活用する採算表です。先にお話ししたように、稲盛さんは、現場で使う部門別の採算表は家計簿のように誰にでも分かるようなものにしなければならないと指摘していきました。そのため、採算表の科目の名称、科目の順番も、現場の社員に最も分かりやすく、最も関心を引くように熟慮したものであるべきだと強調しています。つまり、「すべてに意味がなければならない」のであり、そうしないと「ものすごいセンシティブなコスト意識」は生まれないというのです。

採算表の中では、「固定費や共通経費、雑費など、ついブラックボックスになりがちな科目にも細心の注意を払うべきだ。たとえば、固定費は分解したら変動費の塊かもしれない。共通経費、雑費も詳しく調べたら無駄が隠れているかもしれない」と指摘していました。

同じような視点で、「買いに利あり」とも教えていました。いつも同じところから同じ値段で買っていては、経費最小が実現できるはずはありません。鉛筆一本、紙一枚に対しても、購入価格に細心の注意を払うべきだというのです。

コスト削減に関しては、私にはこんな経験があります。あるとき、資料を持って稲盛さんのところへ行くと「コピーをとってくれ」と言われたので、私は部下にそれを頼みました。そのときに稲盛さんから「コピー代はいくらだ」と聞かれたのです。

私も経費削減には努めていましたから、コピー代のことは頭に入っていました。「白黒で二円ですかね。カラーなら十五円です」と答えました。

すると、「それでは経営者として失格だ」と叱られたのです。わけが分からずに驚いた顔をしていると、「京セラの中間管理職の時間当たりコストは六千円ほどだろう。お前は部下にコピーをさせたが、それには一分間百円の労務コストがかかっている。コピーを取りに行って五分で帰ってくれれば、本当のコピー代は五百円と紙代になるん

だ。分かるか」と指摘されたのです。

考えてみると確かにその通りで、コピー代は紙代だけでなく、労務コストもかかっています。しかし、私の頭からは労務費、つまり時間のコスト意識が抜け落ちていたのです。そのことを指摘され、自分のふがいなさを恥じ入りました。

日本ホワイトカラーの生産性が低いとよく指摘されますが、それは時間のコスト意識が希薄なことも一つの要因でしょう。稲盛さんが注意したように、一分間にどれだけの労務コストがかかっているかを理解するだけでも、自然と生産性は向上するのではないでしょうか。

さらに、経費という面では、稲盛さんからこのような指摘を受けたこともあります。

「今年の新入社員は何人だったのか」と聞かれたので「グループ全体で五百名ほどです」と答えました。稲盛さんから「どう思うのか?」と聞かれたので、「人事からは、優秀な社員が多いと聞いているので、よかったんじゃないでしょうか」と答えると、稲盛さんは「お前は経営が全然分かっていない。お前の感想はそれだけか?」と問いかけられました。

どう答えていいか分からずに黙っていると**「一人当たりの生涯賃金は二億円ほどだ。五百名採用したのなら、今回、千億円投資したことになる。お前は経営者としてどう**

回収するつもりなんだ」と質問されたのです。優秀な新入社員が入ってくることは当然いいことですが、それを私のように単純に喜ぶようでは経営者としては失格であって、**「売上最大、経費最小」**という視点からは、大きなコスト増にもなるということを私に伝えたかったのだと思います。

当然、社員の幸せを願い、社員を大切にしなければなりませんが、それを理由に労務費の管理が甘くなっては、経費最小を実現することも、高収益にすることも、企業を成長させることもできません。それでは、社員を幸せにすることもできないのです。それゆえ、経営をするうえでは、常に労務費に対する冷徹な分析も不可欠だと教えてもらったのです。

ここまで説明してきたことは、稲盛さんから教えてもらった高収益を目指すために必要なことの一部でしかありません。大切なことは、経営者はどんな苦労があろうと逃げることなく、まずは高収益を目指さなければならないという強烈な思い、願望を持つことなのです。なぜなら、高収益でなければ、全従業員の幸福は実現できないからです。その意味では、高収益を目指すことは、正しい経営をするための第一歩になるのです。

事業を再生させる10のキーワード

では、長年赤字に苦しみ、もう復活は無理だと思われている事業をどうしたら再生できるのでしょうか。JAL再建はその成功例でもあるので、稲盛さんがJAL会長に着任し、最初に幹部の方々に伝えた10のキーワードを紹介したいと思います。

最初に、稲盛さんは「**本当のリーダーとして成長し、再建の先頭に立ってほしい**」「**自分が立派なリーダーとなり、日本航空を再建させてみせる**」という〝気概〟を持ってほしいと伝えました。そして、そこで必要なのが〝反省〟です。稲盛さんは「**これまでの日本航空の何が悪かったのか、また自分自身の何が悪かったのか真摯《しんし》に反省することだ**」とまず伝えました。

その際に大切になるのが〝**謙虚さ**〟です。プライドの高い人は、悪いのは旧経営陣だ、経済環境のせいだと責任を自分以外に求めたがりますが、そのような姿勢では再生は不可能だと言うのです。ですから、「**まずは皆さんが謙虚に反省し、自らの非を認めることから再生へのスタートは始まる**」と伝えたのです。こうして真摯に謙虚に反省すれば、次に何をすべきかが分かってくる。それは何か。稲盛さんはこう言いました。

「恐らく、皆さんは、『こうすればいい』と分かっていたのに、自分の評価を気にし、上司に気に入られたい、部下に嫌われたくない、失敗したらどうしようと、悩み、結局実行できなかったのではないか」と指摘したあと、今回は最後のチャンスなので〝勇気〟を持ってやるべきことを必ず実践してほしいと熱く訴えたのです。

そして、そのときには〝素直さ〟が必要だとも教えています。「他者から素直に学ぶことができる人だけが成長できる」のだから、自分の至らなさを認め、お客様や部下の声を真摯に聞く素直さが大切になるというのです。

そのうえで〝努力〟をする。「皆さんリーダーが先頭に立ち、誰にも負けないような努力をしなくてはなりません。部下が見てあそこまで上司が必死にやっているなら、自分も頑張ろうと自然に思えるくらいに努力する必要がある」というのです。

それに加え、「それぞれの職場の夢を部下に語れる人でなくてはなりません。今は大変厳しいけれど、これを乗り越えた暁には自分の職場は『こうしたい』と明るく夢を語り、それを部下全員と共有できるようにしなくてはなりません。夢があれば、それがエネルギーとなり、職場を明るくするはずです」と〝夢〟を語る意義を伝え、励ましています。

また、お客様や取引業者など関係するすべての人に〝**感謝**〟することの大切さも強調しています。「**感謝することで、人間は謙虚にもなれ、優しくなれる**」からです。

このような姿勢で再建に取り組まなければいけないのですが、欠かせないのが〝**経営者意識**〟と〝**採算意識**〟だと稲盛さんは指摘しています。「**再建を成功させるためには皆さんが『経営者意識』、『採算意識』を持つことが不可欠になる**」と強く訴えたのです。幹部の人たちが採算管理もできる経営者に成長できれば、結果として各部門の収益性も向上し、その集合体としてＪＡＬの収益性も高まるというのです。

こうした稲盛さんの一連の発言の中にある「**気概、反省、謙虚、勇気、素直、努力、夢、感謝、経営者意識、採算意識**」という10の言葉は、どのような事業であれ、それを再生させるキーワードになると私は考えています。

5 明るい職場を作る

明るい職場とは何か？

あるとき、稲盛さんから「明るい職場とは何か」と聞かれたことがあります。それまでそんなことを考えたこともなく、すぐに答えることができなかったのですが、その後、「明るい職場とは何だろう」と折に触れて考えるようになりました。

一般的に言えば、まずは実績がよくなければなりません。そのためには、全員が同じ目標に向かって懸命に努力するだけでなく、困ったときには助け合えるような一体感も不可欠です。当然、不正やごまかしがあっては明るい職場になるはずはなく、それを防ぐ、公正・公平な経理や人事の仕組みも必要です。

さらには、仕事が楽しめるような工夫も必要でしょう。正しい実績が日々オープンになれば、励みにもなります。また、上司や部下という枠を外して、本音で自由に議論できたり、仕事以外でも一緒に遊びに行ったりできるようになれば、人間関係にもいい影響を与えるでしょう。

そのようなことを考えていると、稲盛さんが実践している経営そのものが明るい職場を作るためのものだと気が付きました。

職場の雰囲気が明るく、全社員が生き生きと働き、活力に満ちている会社の業績が良くなるのは当たり前です。逆に、不平不満だらけの暗い職場であれば、どんなに素晴らしい経営戦略があっても、業績が良くなるはずはありません。職場風土と業績はパラレルな関係にあるのです。

その後、改めて稲盛さんの発言を聞いていると、明るい職場を作るためには、他にも大切な要素があることが分かりました。

稲盛さんは「**リーダーが明るく振る舞えば、その集団は明るくなり、皆が明るく前向きに物事を考えられるようになります**」とリーダーの言動の大切さを指摘しています。特に厳しい経営環境に置かれたときには、リーダーのあり方がさらに大事になります。稲盛さんは「**ぼやく人、不平不満を言う人は、それだけで経営者として失格**」と戒めています。そして「**特に逆境のときにこそ、リーダーは部下に希望を抱かせ、夢を持たせるようなことを話していくべきだ**」と語り、「**経営者に暗さがあってはダメだ。どんな逆境になろうと無理にでも前向きな明るさが不可欠**」と教えています。

たとえ、どんなに素晴らしい経営の目的・意義・ビジョンを示し、フィロソフィを浸透させたとしても、経営者が暗くては明るい職場にはなれません。職場が活気あふれ、明るくなるかどうかはリーダー次第であり、それだけリーダーの責任は重いのです。

稲盛さんは「**お互いがお互いを尊重する姿勢が大切**」であり、「**人の長所を認める人が明るい人**」とも語っています。そうすることで、「**明るい優勝劣敗があり、明るい敗者復活もある**」職場、つまり活気があふれる本当の明るい職場にすることができるというのです。

これとは逆に、「**私心があると暗くなる**」とも教え、相手の足を引っ張ってでも自分だけがよければいいと思っている人は表情も暗くなるので、そのような人が集まる職場も暗くなると指摘していました。

このように考えてくると「**明るい職場を目指す**」とは、「**全従業員の物心両面の幸福を追求すること**」と同義であることが分かります。稲盛さんは私に「**明るい職場とは何か?**」と問いかけることで、「**お前は経営理念を本当に分かっているのか**」を確認しようとしていたのだと、あとで気が付いたのです。

「思いが仕組みになっていく」——フィロソフィとアメーバ経営

稲盛さんは「**経営とはいかに全社員の心をまとめていくかだ**」と話し、そのためには、「**理想的なものをまず謳《うた》い上げる**」ことが必要だと教えています。その最初にあるのが、稲盛さんが「**働く人の意識を統合するもの**」と定義している経営の目的です。その経営の目的は「**全従業員の物心両面の幸福を追求すること**」であり、それがあれば「**社内に対立が生まれようがない**」とも説明していました。

この言葉の正しさを証明しているのがJAL再建です。倒産直前まで、JALには労使間に厳しい対立があり、再建当初、マスコミは「稲盛さんは組合問題の解決策を示せていないじゃないか」と厳しく批判していました。しかし、稲盛さんの経営は、そもそも内部対立を生まないものだったのです。着任直後より「**経営の目的は全社員の物心両面の幸福を追求すること**」と言明し、それに従った経営判断を続けたので、社内に対立が生まれるどころか、自然に労使が協力して自分たちの幸福を目指すようになっていったのです。

これは人間の心理が分からないと経営はできないということにも通じています。稲盛さんは、労使が厳しく対立していたＪＡＬの過去にも、また、その対立を前提とし妥協点を探すための議論を重ねるという形式にもこだわりませんでした。**「人間として何が正しいのか」**という経営の原点に立ち、組合員であろうとなかろうと全社員を信じて、**「全社員を愛すれば、どのような結果になるのか」**が初めから分かっていたのでしょう。それが、**「目指すべき理想の姿を掲げて全社員の心を一致させる」**ということなのだと思うのです。

稲盛さんは**「思いが仕組みになっていく」**とも言いました。「思い」とは観念的なものでしかありませんが、それを具体論に落とし込んで仕組みにすることによって、結果として思いは実現できるというのです。

たとえば、「高収益になるように強烈な願望を持っています」「社員の幸せを目指しています」と唱えるだけではなく、それを実現するためには、何をすべきかを徹底して考え、具体的な仕組みにまで落とし込む必要があると教えているのです。

繰り返し説明しているように、京セラを創業したとき、稲盛さんは**「全従業員の物心両面の幸せを追求する」**ことを経営の目的としました。**「給与でも、働きがいでも、満足でき、みんなが生き生きと働けるような会社に一緒にしていきましょう」**という理想を掲げたのです。

ただ、理想だけを唱えていても実現できるはずはありません。そこで、そのために必要な考え方をまとめたのが、**フィロソフィ**であり、それを実現するための経営システムが**アメーバ経営**なのです。

これが「**思いが仕組みになっていく**」ということです。自分の人生であれ、経営であれ、あるべき姿を描いたら、具体的にどうすれば実現できるかを徹底して考える。さらに、その具体的な方法をどうすれば習慣化、仕組み化できるかまで「**見えるまで考える**」ことが大事になってくるのです。

社員の能力を百%引き出すために必要なこと――教育し、議論し、衆知を集める

人事の基本は適材適所と言われていますが、それに対して、稲盛さんは、それは経営が分かっていない評論家の意見だと指摘していました。人材に余裕のある大企業ならともかく、普通の企業、特に中小企業にはそもそも適材が揃っていないので、適材適所などは空言でしかないというのです。

では、どうすればいいのかと言えば、稲盛さんは「**現在いる社員の心に火を点ける**

しかない。なぜなら人間の可能性は無限だからだ」と語っています。今いる社員の可能性を信じ、その能力をフルに引き出すことに注力すべきだと言うのです。

学歴・性別・人種・肩書・年齢は関係なく、人間の心は真善美に満ちていて、誰でも等しく尊いというのが稲盛さんの人間観です。私はそれを**絶対性善説**と呼んでいますが、そのような視点で考えれば、「我が社にはいい人材がいない」と嘆くのではなく、今在籍している素晴らしい社員を信じ、能力をフルに発揮してもらうことが一番大事になります。

京セラもそうですが、結果として大きく成長発展した企業で、創業当初から人材に恵まれ、適材適所の人事ができた会社は一つもないはずです。それでも成長できたのは、全社員の能力を百%引き出したからに他ならないのです。ですから、優秀な社員がいないことを嘆き、それを言い訳にするのではなくて、社員の心に火を点けるために何をすべきかをまず考えるべきだと稲盛さんは指摘しているのです。

そのための経営者の心構えとして、稲盛さんは**「社員から信頼される企業、社員が自ら進んでその発展に尽力してくれるような企業を目指してほしい」**と語り、**「経営者の使命はフィロソフィを社員と共有し、会社を健全な発展に導いていくことを通じて、一人でも多くの人を幸せにしていくことだ」**と伝えています。

このような姿勢で経営者が社員と向き合うことが、社員の心に火を点ける第一歩となり、全員参加経営の実現に近づくことができるのです。

その際に必要なことは教育です。稲盛さんは「**人間によい人間、悪い人間はいない。教育すればすべていい人間になれる**」と教育の大切さを強調しています。非行に走ってしまう子供や不正を犯してしまう人間も、また、不平不満ばかり言い募る社員やよくミスをしてしまう社員も、十分な教育を受けていないことがその原因だと言うのです。

もともと人間は誰でも素晴らしい存在なので、人間として何が正しいのか、社会の仕組みやルールはどうなっているかをしっかり教えれば、それを受け入れ、実行できるようになるはずなので、「**教育すれば、すべていい人間になれる**」と稲盛さんは指摘しているのです。また別の表現で「**知性が本能を忘れさせる。だから教育が大事だ**」とも話しています。教育により知性を与えることで、煩悩、本能をなくすこともできると教えているのです。

その教育は、本来学校で行われるべきものですが、それが不十分であれば、会社で教育しなくてはなりません。会社の場合は、それほど座学で時間が取れるわけではありませんので、稲盛さんは「**現場での教育を大切にする**」と言い、「**現場での仕事も会議も教育の場である**」と強調していました。

その意味で、採用の際は、「**勉強したがる人を採用し、フィロソフィと使命感を教育する**」ことが大切になるとも語っています。「**お金は使わなくても人間性は高められる**」という言葉は採算に厳しい稲盛さんらしく、私には印象深いものでした。

また、教育することと同じくらい大切なことは、全員で議論し、全員で知恵を出し、衆知を集めることです。稲盛さんは、「**異なる意見を尊重し、議論をしていくべきだ。そうすると最終的には、人間として正しい判断に行きつく**」とも指摘しています。私は、それが全員参加経営の一つの帰結点でもあると思うのです。

秘書になった最初の頃、私は稲盛さんに「現場の意見を大切にするのはよく分かりますが、そのためには時間がかかるので、トップダウンのほうが効率的ではないですか」と聞いたことがあります。すると「**現場のことは、現場の人が一番よく分かっているのだから、その意見を聞くべきだ**」と答え、「**現場の意見が生かされないようでは経営はできない**」と教えてくれました。そして、現場の意見を生かすためには、「**現場の人々にどうしたらもっとよくなるのかを考えてもらうこと、知恵を出しても**

らうことが大切なんだ」と指摘していました。

そして最後に**「現場の知恵はタダなんだ。出してもらったほうがいいに決まっているじゃないか」**と教えてくれました。私はその一言に、稲盛さんの経営者としてのセンスの高さを改めて感じたのです。

6 大きな愛を持つ

「すべてに善かれかし」――利他の心があると失敗しなくなる

先にも述べましたが、利己的・自己中心的に物事を考えると、関心は自分の損得だけとなります。経営者で言えば、自分の利益や評判だけが気になり、一番大事な社員の心のありよう、つまり、社員がどんな気持ちで日々働いているのか、何に喜び、どんなことに悲んでいるかなどには関心がなくなります。同じように、お客様や取引業者がどう思っているのかも、社会の動きがどうなっているのかにも興味はなく、学ぼうともしません。

景気がいいときはそれでもやっていけるかもしれませんが、不況になったり大きな問題が起きたとき、そのような利己的な経営者であれば、誰も本気で協力しようとは思わないでしょう。また、社会の動きにも関心がなく、知識もないので、効果的な対策を打つこともできません。

さらに、経営が悪化し始めても、その根本的な原因が自分の利己的な思いにあるとは気が付かないので、指示に従わない社員が悪い、取引業者が悪いと責任を転嫁します。結局、社内はさらにバラバラになり、悪循環が続いていくのです。

稲盛さんは「**利他の心があると視野が広くなり、失敗しなくなる**」と教えています。「三方良し」との言葉があるように、自分だけでなく、社員、お客様、取引業者など広く社会全体のことに関心を持ち、さらには次世代のことも考えて、「**すべてに善かれかし**」という思いがあれば、視野が大きく広がり、どこにどんな問題があるかが分かるようになるので失敗をしなくなるというのです。

少し古くなりますが、その一つの例が三十年ほど前に起きた日本の富士フイルムとアメリカのイーストマン・コダックが世界の覇権を目指して繰り広げた、いわゆるフィルム戦争でしょう。当時はフィルムカメラが全盛の時代で、両社が世界的な激しいシェア競いを続けていました。そのときコダックは、富士フイルムに打撃を与えようと政治的な圧力までかけてきました。つまり、自社さえよければいいという利己的な経営戦略をとったのです。

それに対して明確な対抗措置をとれない富士フイルムを見て、多くの人は命運が尽きたのではないかと危惧しました。しかし、当時、富士フイルムはコダックだけを相手には考えていなかったのです。もっと広い視野で、また将来を見据えて、自社のフィルム技術を使って世の中に役立つものはないだろうかと研究を進めていきました。その結果、カメラ用フィルムとは全く別の化粧品や医薬品の分野に進出し、現在も成長発展を続けています。

一方のコダックは、フィルム戦争には勝ったものの、デジタル技術の急速な進歩によってフィルムカメラが時代遅れとなり、二〇一二年に倒産してしまいました。利他の心がなかったため、視野が狭くなり、失敗してしまったのです。

自社の利益だけを考え、ライバル企業に打撃を与えることのみに執着すれば、視野狭窄《きょうさく》に陥って必ず失敗します。稲盛さんはこのことに関して**「競争相手を意識しては伸びない。発想が狭くなり、こだわりが生まれる」**と警鐘を鳴らしています。

そして**「利己だけであった場合は視野が狭くなる。人間のレベルが上がり、利他の**

思いが生まれてくると、より高いところから物事の動きが見えるようになり、先見性・予見力というものが出てくる。だから、すべてに善かれしという優しい思い、利他の心が大切になる」と強調しているのです。

愛するから愛される——愛社精神を醸成するには何が必要か

企業経営にとって大切なことは、すべての社員が自分の会社を我がことのように思い、会社の成長を心から願う愛社精神を持っていることです。それは経営が苦境に陥ったときに、特に重要になります。

景気がよく、業績がいいとき、つまり高い給料や賞与等が払えるときには、社員は「いい会社に入った」と喜んでくれます。ところが、景気には必ず変動があり、業績が悪くなるときもあります。稲盛さんは「**苦しいときに一致団結できれば強くなれる**」と話しています。「**経営が厳しいときに『もっと働こう』という声が自然に出ることが大事**」なのです。

しかし、現実には、景気が悪くなり、給料や賞与が少しでも減らされると、「なんとひどい会社だ」と社員に不平不満が渦巻いてしまうことがあります。そうなると、稲盛さんが**「不平不満は会社を腐敗させる」**というように、経営はさらに悪化します。

経営者はそんな社員を見て、「なんとうちの社員には愛社精神がないのか」と不満を漏らし、「もっと愛社精神を持ってほしい」と呼びかけるのですが、それで簡単に社員が会社を愛してくれるはずはありません。

社員に愛社精神が生まれるかどうかは、常日頃から経営者が**「社員が幸せであり、喜んで働いてくれる会社を目指す」**経営をしていたのかどうかで決まるのです。稲盛さんは**「愛するから愛される」**と教えています。経営者が社員を愛してないのに愛社精神が生まれるはずはないのであり、**「愛した分しか、愛は返してくれない」**というのが人間社会の基本ルールなのです。

ですから、経営者がいつも自分の利益や都合だけを考えているようでは、愛社精神が生まれるはずはありません。それは、稲盛さんが**「自分に都合のいい、利己的な考え方のときには、みんな反発します」**とシンプルに教えている通りです。

「経営が厳しいときに『もっと働こう』という声が自然に出る」ようになるためには、平時より社員の幸せを追求することを経営の目的に掲げて、**社員に尽くし、社員を愛する**ことが不可欠なのです。それが強い愛社精神を生み、苦境を乗り越え、企業を発展させる大きなエネルギーになるのです。

当たり前ですが、社員に尽くし、愛するとは、決して社員を甘やかすという意味ではありません。たとえば、業績が悪いときに無理に高い給料や賞与を出しても長続きするはずはないからです。これについて、稲盛さんは「**大善は非情に似たり、小善は大悪に似たり**」という仏教用語を使いながら説明しています。社員の真の成長を願い、時に優しく、時に厳しく接することが大切なのであり、そのような**大きな愛、善き思い**が自然と愛社精神を育み、社員を成長させていくのです。

「してもらう」ではなく、「してあげたい」と思う

「愛するから愛される」というのは、お客様との関係でも、部下と上司との関係でも同じでしょう。ＪＡＬで稲盛さんがＣＡの方と話す機会がありました。そのとき、あるＣＡの方から「お客様から愛されるＣＡを目指しています」との発言がありました。私は「なるほど、そうだよな」と納得して聞いていたのですが、稲盛さんは違いました。**「お客様から愛されるＣＡではなく、お客様を愛せるＣＡを目指してください」**と言われたのです。まさに、目から鱗《うろこ》が落ちた瞬間でした。

私たちは、つい自分を「してもらう」側に置き、「お客様から愛されたい」「部下か

ら好かれたい」と思ってしまいます。しかし、それは利己的な発想であり、まずは「してあげたい」という利他的な思い、つまり、「お客様を愛したい」、「部下を愛したい」という思いが最初に出てこなくてはならないのです。そのことの大切さをこのとき私は改めて教えていただきました。

稲盛さんは、京セラ創業の頃を思い出し、**「俺はお客様にサーバントのように尽くしていた」**と話していたことがあります。中小零細企業でしかなかった京セラでは、サーバントのようにお客様に尽くす以外、生き残る方法はなかったと言うのです。

ただ、稲盛さんはいやいやながら尽くしたのではなく、心の底からお客様に喜んでもらおうと尽くしていたと言います。すると、京セラという会社は小さいけれど、なんでも言うことを聞いてくれる使い勝手のいい会社だと評判になり、受注も増えていったそうです。

一番面倒なことができるのが愛

二〇一〇年二月二日、ＪＡＬ会長着任の翌日、まず稲盛さんは羽田空港の職場に行きました。随行した当時の大西社長は「現場の幹部を会議室に集めます」と言いましたが、それを稲盛さんは「とんでもない」と断り、羽田空港に着くとすぐにＪＡＬの職場に入り、机の間をくまなく回って、一人一人の社員に**「ご苦労様です、会長になった稲盛です。大変だと思いますが、私も頑張りますので、皆さんも頑張ってください」**と声をかけました。

社員が驚いて、席を立って挨拶をしようとするとそれを制して「仕事の邪魔をしてごめんなさい。仕事を続けてください」と言いながら、すべての職場を二時間ほどかけて回りました。同行した私もくたくたになったのですから、当時七十八歳の稲盛さんにとってはさらに重労働だったはずです。

しかし、稲盛さんは疲れた顔一つ見せませんでした。大西社長が言うように、会議室に幹部を集めて訓辞を垂れても、ビデオメッセージを流してもよかったはずです。しかし、稲盛さんは一番面倒な方法を選びました。そして、それは現場の社員の心に一番響く方法でもありました。

稲盛さんは、**「一番面倒なことができるのが愛」「目立たない人にも愛をかける。それが人生の価値」**と語っていますが、それは間違いなく真実だと改めて感じました。同行したＪＡＬの幹部は、「あれで現場の社員はすっかり稲盛さんのファンになった」と話していました。それが愛の力なのです。

〈参考〉　経営12カ条

本章の最後に、参考として「経営12カ条」を紹介します。この経営12カ条は、稲盛さんが「実践すればどのような事業も成功させることができる」と話している経営の要諦《ようてい》です。先ほど紹介したＪＡＬでのリーダー教育でも、稲盛さんにはこの経営12カ条について五回にわたって講義してもらいました。その結果、ＪＡＬの幹部は素晴らしいリーダー、経営者として成長できたのです。

この経営12カ条のほとんどの内容はすでに本書でも説明していますが、大事なことは、経営12カ条は経営者が実践すべきことであり、決して社員に押しつけるものではないということです。

以前ある経営者の方が稲盛さんに、「我が社では第4条の『誰にも負けない努力をする』を社員と一緒に実践しています」と少し自慢げに話していたことがありました。すると稲盛さんは、少し驚いた顔をして「それは間違いです。誰にも負けない努力は経営者が実践すべきものであり、社員に強要してはなりません。経営者は、社員よりはるかに高い給料をもらっているのですから、その分、努力をするのは当たり前です」と注意していました。このように経営12カ条は経営者が率先して実行しなくてはならないことなのです。

第1条　事業の目的、意義を明確にする
……公明正大で大義名分のある高い目的を立てる

第2条　具体的な目標を立てる
……立てた目標は常に社員と共有する

第3条　強烈な願望を心に抱く
……潜在意識に透徹するほどの強く持続した願望を持つこと

第4条　誰にも負けない努力をする
……地味な仕事を一歩一歩堅実に、弛《たゆ》まぬ努力を続ける

第5条　売上を最大限に伸ばし、経費を最小限に抑える
……入るを量って、出ずるを制する。利益を追うのではない。
利益は後からついてくる

第6条　値決めは経営
……値決めはトップの仕事。お客様も喜び、自分も儲かるポイントは一点である

第7条　経営は強い意志で決まる
……経営には岩をもうがつ強い意志が必要

第8条　燃える闘魂
……経営にはいかなる格闘技にもまさる激しい闘争心が必要

第9条　勇気をもって事に当たる
……卑怯な振る舞いがあってはならない

第10条　常に創造的な仕事をする
……今日よりは明日、明日よりは明後日と、常に改良改善を絶え間なく続ける。創意工夫を重ねる

第11条　思いやりの心で誠実に
……商いには相手がある。相手を含めて、ハッピーであること。皆が喜ぶこと

第12条　常に明るく前向きに、夢と希望を抱いて素直な心で

この経営12カ条にはストーリーがあります。まず、事業を始めるうえで大事なことは、**第1条の「事業の目的、意義を明確にする」**ということです。目的、意義とありますが、その順番も大事です。まず経営の目的を、次に意義を明確にすべきなのです。

この第1条を実現するためには、**第2条の「具体的な目標を立てる」**ことが必要です。稲盛さんは、中期計画を立てるのではなく、まず一年間の目標を明確にし、それを社員と共有し、必ず達成すべきだと強調しています。

具体的な目標を定めたなら、**第3条の「強烈な願望を心に抱く」**ことが大切になります。そして、強烈な願望を実現するためには、**第4条の「誰にも負けない努力をする」**ことが不可欠です。「誰にも負けない努力」とは、これまでも説明してきているように、またサブタイトルにもあるように、一度に無理な努力をするのではなく、「地味な仕事を一歩一歩堅実に、弛まぬ努力を続ける」ということです。

以上の第1条から第4条までは、経営者の心構えが述べられています。

次の**第5条「売上を最大限に伸ばし、経費を最小限に抑える」**と第6条

「値決めは経営」は、目標を達成するために具体的に必要なことが述べられています。

そして第7条からは、目標を達成するために必要な経営者の姿勢について言及しています。

まず、**第7条の「経営は強い意志で決まる」**は、自分で立てた目標であればどうしても自分で達成させるという強い意志が必要なことを示しています。しかし、経済は生き物ですから、突然の不況などに遭遇することもあります。それでも経営者は目標達成を諦めてはならないのです。

そのときに必要なのが**第8条の「燃える闘魂」**です。経営者は「格闘技にもまさる激しい闘争心」を持って目標達成を目指さなくてはいけないのです。

そこでは、目標達成のためには手段を選ばず、多少グレーな方法をとっても構わないという思いが生まれるかもしれません。それに対して稲盛さんは、**第9条で「勇気をもって事に当たる」**と強調しています。これは、サブタイトルにあるように「卑怯な振る舞いがあってはならない」ということです。

では、がむしゃらに頑張ればいいのかと言うとそうではありません。**第10条で「常に創造的な仕事をする」**と教えているように、日々創意工夫をする必要があるのです。

このように第7条から第10条までは、目標を達成するために必要な経営者の姿勢について説明しています。

残りの第11条と第12条では、リーダーとして最も大切な人間性について述べています。第1条から第10条までは、厳しい経営のあり方を示しているのですが、それだけでは社員はついてきてくれず、お客様や業者からの協力も得られません。そこで大事になるのが**第11条**にある「**思いやりの心で誠実に**」という姿勢です。思いやりの心、つまり「すべてに善かれかし」という利他の心と言行が常に一致している誠実さが大事になるというのです。

最後の**第12条**は「**常に明るく前向きに、夢と希望を抱いて素直な心で**」です。これは、これまでも説明しているように稲盛さんの人生観でもあり、最も大切なことです。目標に向かって誰にも負けない努力をしようが、燃える闘魂を持とうが、そこに悲壮感があってはならず、どんな苦境に直面しようと、「常に」明るくなければならないというのです。

この経営12カ条には以上のようなストーリーがあります。新しい事業や新しいプロジェクトを始めるときに、この経営12カ条をこの順番で実践すれば、必ず成功できると私は確信しています。

その意味では、経営がうまくいかないときに、この経営12カ条と照らし合わせて自分の仕事の進め方を振り返り、「何条まではできているけれど、それ以降はできてない」とか、「何条はまだ十分にはできていない」ということに気が付けば、次に何をすべきかが分かるようになります。そのようにして軌道を修正していけば、最終的には成功に至ることができると思うのです。

第4章

素晴らしい未来のために

「先のことは分からない。運命である。それゆえにこそ未来の立派な明るい目標を立てるべきだ」

1　明るい未来を信じる

逆境のときに明るい希望を持てるかどうかで運命は変わる

第1章で説明したように、稲盛さんは**成功方程式**を紹介し、この方程式に従い、「**考え方**」「**熱意**」「**能力**」を高める努力を続ければ運命もよくなり、誰もが素晴らしい人生を送れると断言しています。

数学的な方程式ですので、その理屈はよく分かるのですが、思いもよらない困難に直面したり、大きな挫折を経験すると、心が折れそうになり、幸福そうな人をうらやみ、天を恨み、暗くなってしまうこともあります。

恐らく、何をやってもうまくいき、いつも明るく振る舞い、人望を得ていた人でさえ、何かの弾みで運命が反転したかのように悪いことが次々と起こると、「考え方」がマイナスになり、「熱意」もなくなり、不平不満が口に出て明るさが消えてしまうこともあるのではないでしょうか。すると、暗い人には誰も近寄ろうとせず、悪循環が始まってしまうのです。

稲盛さんは、青少年時代の実体験をもとに「**不運というのは、これでもかこれでもかと繰り返し連続して来る。それで試されているんだ**」と語っています。お釈迦様が「人生は苦なり」と説かれるように、人生は試練の連続かもしれません。その試練に対して「**自分がどう対応するのか試されている**」とまず自分に言い聞かせることが大切だと稲盛さんは言うのです。

稲盛さんは、すべての現象は心の反映であることを子供心に確信して、「**悪い思い、暗い思いを心に抱くことさえ怖くなった**」ので、常に明るく前向きであることを信念としました。それゆえ「**非現実的なものでも良いから明るい希望を持つことが大事だ**」と語り、「**明るい未来を信じ、神様は平等だと馬鹿みたいに信じる。そうすれば逆境に耐えられる**」と諭しています。そうすれば、「**神様は苦しんでいる人を助けてくれる**」というのです。

そうは言っても、繰り返し不運に遭遇し、苦境に陥ると、「なぜ自分だけが」という不平不満が心の中に芽生え、社会を恨もうという気持ちも生まれてきます。そういうときにはどうすればいいのか。稲盛さんは自分の経験を踏まえ、「**厳しいときに、それを恨んだり、斜に構えたり、自堕落になってしまえば、人生は台無しになる**」と戒め、「**もし失敗しても、それを弱い心を強くする糧とすべき**」と励ましています。

また、「**逆境にあっても人生をまっすぐ生きる**」ことや「**逆境にありながら悲観的にならない**」ことが大切だと教え、「**禍《わざわい》をもたらすのは自分の心。逆境が素晴らしい環境を与えてくれた**」というように、逆境さえも前向きに捉えるべきだと教えています。そして、「**辛酸をなめることが魂を磨く**」「**困難、それは宇宙に流れる愛の変形**」という表現で、どんな困難に直面しても、すべてが自分の心次第なので、前向きな姿勢を失わないことが大切だと諭しています。

さらに、挫《くじ》けそうになる心を「**人生における不運、挫折が人生を豊かにする。だから素直に一生懸命生きればいい**」「**苦労の中で人は育つ。満ち足りた中では人は弱い**」と鼓舞するとともに、「**困難に直面しても、正しい判断をして、そこから決して逃げない**」と、それを乗り越える心構えも教えてくれています。

稲盛さん自身、最初から強い人間であったわけではなく、私たちと同じように弱い心の持ち主でした。ただ、稲盛さんは自分の心の弱さを素直に認め、それを克服しようとしました。ですから、私たちに「**自分の心の弱さを知って常に心を鍛える必要がある**」と伝え、自分は「**挫折を繰り返したことで、結果として成功することができた**」「**最初からハンディがあったのが成功の要因、逆境が人を強くする**」と率直に語っています。

そして、**「不遇に出会い、恨みを抱えて死ぬのか、感謝しながら死ぬのか。前向きに生きるべきだ」**と挫折や困難に直面しても、それを素直に受け入れ、それでも前向きに生きる姿勢を失わないことがいかに大切かを繰り返し強調しています。

「人生は波乱万丈。厳しい人生に真正面から取り組み、努力して克服していく。そのプロセスそのものが心を磨き、豊かにする」と信じること、つまり、**「挫折や不運を糧とする」**ことが、より素晴らしい人生を送るためには必要だと稲盛さんは説いているのです。

第1章でも説明したように**「心の様相がそのまま現象に現れる」**のであり、**「思いは実現する」**のですから、ネガティブな思いを持てば人生もネガティブになってしまいます。ですから**「思いの中に不安や恐怖心があれば必ず失敗する」**と考え、自分自身**「決して暗い思いは持つまいと決めた」**と稲盛さんは力説しているのです。

これらの言葉は、稲盛さん自身が幾多の挫折や逆境を乗り越える中から生まれたものです。それだけに、稲盛さんの心からの叫びのように聞こえ、強く胸に迫り、突き刺さるものがあります。

「もうダメだ」というときが仕事のはじまり

稲盛さんは、「**陰気な人は失敗し、明るい人が成功する**」ので「**自分を未来において明るい自画像を描ける人**」であるべきであり、どんなに厳しい状況に追い込まれようと「**自分の明るい未来を信じる底抜けの楽天性が必要**」だと教えています。なぜならば「**先のことは分からない。運命である。それゆえにこそ未来の立派な明るい目標を立てる**」ことが大切になるからです。

しかし、私たちの心は脆《もろ》く、ちょっとしたことで希望をなくし、「どうせ、自分の人生なんて」と斜に構え、明るさを失ってしまいます。稲盛さんは、窮地に追い込まれたある経営者に対し、「**全財産なくしても、まだ二本の足がある。歩ければ行商もできるじゃないか**」と励ましていました。順境のときには誰でも前向きになれますが、本当は追い込まれたとき、厳しい局面に直面したときにこそ、心の中に明るい希望を描けなければならないのです。

京セラフィロソフィに「**もうダメだというときが仕事のはじまり**」という言葉があります。自分で「もうダメだ。絶体絶命の危機に追い込まれてしまった」と思っても、そこで諦めるのではなく、「これから本当の仕事が始まるんだ」「ここで自分の実力が試されているんだ」と、ある意味開き直ってでも前向きの努力を続ければ、必ず活路は見つかるというのです。

つまり、もうダメだというところまで追い詰められたとき、そこで諦めてしまうのか、それとも、**「もうダメだというときが仕事のはじまり」**と新たな希望の灯を燃やすのかで結果は全く違ってくると教えているのです。

ＪＡＬの再建はまさにその正しさを示しています。私たちがＪＡＬに着任した際、倒産した直後でもあり、社内には重苦しいムードが漂っていました。若い社員は生気を失い、下ばかり見て仕事をしていました。幹部の方々は「倒産したのは、国が悪い、現場社員や組合が悪い、他部署が悪い」と不平不満ばかりを口にしていました。そのこともあったのでしょう、すべてのマスコミは「再建は失敗するだろう、二次破《は》綻《たん》必至だ」と書き立てていました。

しかし、稲盛さんは会長に就任して以来　ＪＡＬの再建は必ず成功すると明るい未来を語り、そのためには幹部の人がリーダーとしてのあるべき姿を身につけ、全社員がどのような生き方・考え方・働き方が人間として正しいのかを学ぶべきだと訴え続けました。

稲盛さん自身が「**いくらもっともらしいことを言っても、行動が伴わなければ人の心はつかめません**」「**自ら真っ先に行動することで、人々はついてくるのです**」と教えている通り、高齢で無給であったにもかかわらず、自ら再建の先頭に立ち、誰にも負けない努力を続けました。

そんな稲盛さんの話を聞き、行動に接した幹部の方たちからは、いつの間にか不平不満の声も不安の声も消え、自分たちで必ず再建を成功させなければならないという前向きな発言が自然と出るようになってきました。当時を振り返り、「稲盛さんは太陽のような人だ。稲盛さんからエネルギーをもらって明るくなれたような気がする」と話す人もいました。

倒産したわけですから、経営環境は厳しく、マスコミも批判を続けていました。それにもかかわらず、全員が明るい希望を持つようになり、その明るい希望に沿うように、ＪＡＬの再建は進んでいったのです。

ＪＡＬ再建二年目の二〇一一年三月に東日本大震災が発生したときには、多くの社員が「もうダメだ。なんとＪＡＬは不運なのか」と嘆いていました。しかし、稲盛さんは弱音を一切吐きませんでした。意識改革を担当していた私も、全社フィロソフィ教育を予定通り四月からスタートさせました。

以前のＪＡＬであれば、東日本大震災を業績悪化の言い訳にしていたかもしれません。しかし、稲盛さんに励まされ、**「もうダメだというときが仕事のはじまり」**と、全社員が希望を失うことなく、明るく前向きな努力を続け、この年に過去最高の二千億円を超える営業利益を生み出したのです。

ただ、稲盛さんは、単に明るければいいと言っているわけではありません。**「大胆さと細心さを併せ持つ」**とか**「両極端を併せ持つ」**と稲盛さんが表現しているように、明るさと慎重さを併せ持つことが大切なのです。

一般的に、明るい人は大胆さを持っていますが、その半面、慎重さや細心さには欠けてしまうことがあります。大局的に物事を見て、大胆ともいえる判断をする必要もありますが、それだけで成功するわけではないのです。

第３章に紹介した**「楽観的に構想し、悲観的に計画し、楽観的に実行する」**の**「悲観的に計画する」**に該当する部分、つまり、楽観的な構想の問題点を全て洗い出し、その対策を事前に考えて周到な準備しておく慎重さも大切なのです。そうすることで、初めて安心して明るく楽観的に実行できるようになります。

このように一度立ち止まって**「悲観的に計画する」**ことは、**「常に明るく前向きに**

生きる」ために も、つまり、より良い人生を送るためにも不可欠な要素になるのです。

「熱意」＋「冷静で素直な分析」＋「地道な努力」が未来を開く

繰り返し説明しているように、稲盛さんは人生においてコツコツと地道な努力を重ねることの大切さを常に強調し、**「成功への近道はない、気の遠くなるような地味な努力の積み重ねでしかなしえない」**と説いていました。

子供の頃から「ウサギとカメ」の寓話《ぐうわ》でも教えられているように、倦《う》まず弛《たゆ》まず努力を積み重ねて一歩一歩前に進んでいくと、意外と早く目標に到達することを私たちは知っています。しかし、それでも、こんなに歩みが遅ければ何も成し遂げられないと焦り、近道を探そうと横道にそれ、結局、迷路をさまよってしまうこともあるのです。

稲盛さんは、自分の経験に基づき、**「日々の地道な努力の小さな成果でも、積み重なれば、信じられないような高みに自分を連れていく」**と私たちを励まし、**「精一杯努力し目標を達成したという経験が次の目標に向かわせる勇気を生む」**と教えています。コツコツと地道な努力を重ねて、時間がかかっても目標を達成したという実績が自信となり、人生に好循環をもたらすのです。

その**「気の遠くなるような地味な努力の積み重ね」**を続けるために必要なのが強烈で持続した願望、熱意です。それはどこから生まれてくるかといえば、希望であり、夢です。稲盛さんは**「希望が熱意を高める」**と言い、どんな厳しい環境に置かれようと「必ずうまくいく」と明るい未来を信じることからしか熱意は生まれないと教えています。

ただ、稲盛さんは**「物事をなすには情熱がいるが、一方で冷静で素直な分析も必要」**とも繰り返し指摘しています。熱意は大事なのですが、それが単なる思い込みや根性論・ガンバリズムで終わってしまっては、決して物事は成し遂げられないと忠告しているのです。

つまり、明るい希望を抱き、燃えるような情熱を持ちつつも、冷静で素直な分析を忘れずに**「地味な努力の積み重ねること」**が素晴らしい未来に導いてくれると教えているのです。

「人格は変わる。あっという間に堕落する」

思いがけない困難に幾度となく遭遇しても、決して暗くならず、善きことを思い地道な努力を続け乗り越えていく。困難や挫折を糧にして心を高め、人格を高めていく。そのことが人生において、最も大切なことだと稲盛さんは教えています。

なぜなら「**人間の行動をコントロールするのが人格**」であり、「**能力を動かし、努力させるのは人格**」であり、「**人格が才能の使い道や欲望をコントロールする**」からです。

それを踏まえて、稲盛さんは「**多くの人を率いるリーダーは人格者であるべきだが、生まれつきの人格者はいない。苦労をしながら一生懸命生きていく中で人格は磨かれていく**」と説いています。さらに、「**人格は後天的に高めることができるが、常に知性・理性を注入しなければすぐに元に戻る**」と語ります。「**人格は作るもの、だから変わるもの**」なので、「**継続的な努力を怠れば、一度高まった人格でもすぐに元に戻る**」と警鐘を鳴らしているのです。

そして、率直に「**人格を維持するのは難しい**」と認め、特に社会的に高い地位を得た人に対しては、**「素晴らしい人格を身につけても、権力を得ると堕落もする。このように、時々刻々と人格は変化する」**と人格は変わりやすいことを自覚すべきだと忠告し、さらには**「人格は変わる。あっという間に堕落する」**と厳しい言葉で警告するのです。

稲盛さんは、人間の心の弱さをよく知っていました。実際に、経営者であれ、政治家であれ、人格者と評された人が瞬く間に堕落していく姿を私たちは目にしたことがあります。そうならないためには、**「甘い誘惑に勝てる克己心が必要」**であり、**「人格を高いレベルで維持するために必要なことは、一生懸命に働くことと世のため人のために尽くそうとすることだ」**と教えています。さらには、**「人格を理性・知性で維持できるようにする努力が必要」**と諭し、人間としてあるべき姿を学び続けることの大切さも指摘しています。

「人間は成功しかけると、どうしても狂うので、自分への強い警戒心が不可欠になる」——成功も試練

稲盛さんは**「人間は成功しかけると、どうしても狂うので、自分への強い警戒心が不可欠になる」**と注意をしています。私はこの稲盛さんの言葉は、人間の本質を突き、

人間の心の弱さを的確に表現していると感じます。

稲盛さんは、多くの人の人生を観察する中で、成功しかけるときに人間の心がどう変わるのかがよく分かっていました。成功を夢見て、何年もの間、凄《すさ》まじいまでの努力を重ね、利己的になってはダメだと言い聞かせて自己犠牲も払ってきた。そのかいもあり、人格者だと褒められ、やっと長年の夢が叶い成功しそうになる。すると、どうなるでしょうか？

まず、本人は、念願が叶いそうになるので気持ちが高ぶり、自分には人並み以上の能力があると過信が生まれます。すると、それまで我慢してきた利己心も抑えきれなくなり、成功の果実は自分のものだと思うようになります。それだけではありません。周りの人はおだて始め、問題があっても誰も本当のことは言わなくなります。そこで、人格が変わるどころか、狂い始めるのです。

それに気が付いて注意する友人がいても、本人は「自分は人格者であり、エゴや驕《おご》りがあるはずはない」と思い込んでいるので、その諫言《かんげん》には悪意があると無視し、友人を遠ざけるようにさえなります。こうして「裸の王様」になり、増長し、得手勝手な判断をするようになり、結局、本当の成功に到達することができなくなるのです。

そのようなケースを稲盛さんはよく見てきたので、**「人間は成功しかけると、どう**

しても狂う」と指摘し、そうならないために、**「自分への強い警戒心が不可欠になる」**と教えているのです。

「ちょっと成功して、自制心がなくなれば、人間はいとも簡単に狂ってしまう」のです。それゆえ稲盛さんは**「成功も試練だ」**と言います。さらには**「自分の成功、資産も大きな試練だ。狂わない、慢心しない、傲慢《ごうまん》にならない、贅沢をしない。周りから幸せと思えることも試練だ」**と自戒を込めて語っています。

それは、神様が**「この程度の成功で浮かれてしまう人間なのか、それとも、これまでの成功は多くの人たちの協力のお陰だと感謝して、さらに高い目標を目指してもっと努力をしようと思える人間なのか」**を試しているからだというのです。

だからこそ、全社員の懸命な努力の末、ＪＡＬが奇跡的なスピードで再建され、再上場したとき、稲盛さんは、「この程度の成功で浮かれてしまうのではないか」と危惧しました。そこで、全社員に**「謙虚にして驕らず、さらに努力を。現在は過去の努力の結果、将来はこれからの努力で決まる」**というメッセージを送ったのです。

「厳しく怒りを持った神様がいるべきだ」——絶対的な存在を信じる

しかし、現実的には成功という試練に負け、素晴らしい人格者と評されていたのに没落してしまう人は大勢います。「まさかあの人がこんなことを」「かつては人格者と呼ばれたのに」という事例には事欠きません。

稲盛さんは**「人間には利己というう引力にひかれてしまう本能がある」**ので、その引力に負けない努力が人格を維持していくためには必要だと説明しています。そして**「空想の世界ではありますが、手漕ぎのヘリコプターがあれば、人格を維持できるように常に必死に漕いでいないと、利己という強力な引力に負け、墜落してしまい、人格は劣化してしまう」**と戒めています。

利己という強力な引力に負けないためには、**「毎日仕事に打ち込むべきだ。それは、宗教者が修行をするのと同じように、人格を高めるためには不可欠だ」**とも力説しています。「小人閑居して不善をなす」という故事があるように、時間を持て余すようになれば、利己という強烈な引力に負けて、心の隙間にいろいろな雑念に入ってくるというのです。

このように人間の心は弱く、一度高めた人格を維持することも簡単ではありません。稲盛さんは、**「人間は完璧でないからガイダンスが必要、それが哲学だ」**と教えています。自分の確固たる人生哲学を確立し、どんなことがあってもそれを堅持しようとする努力が必要となるのです。

また、稲盛さんは**「厳しく怒りを持った神様がいるべきだ。神様も許してくれるだろうと思うとなんでもするようになる」**という警鐘を鳴らしています。神様は寛大で優しいから多少のことは許してくれるだろうと思ってはならない、というのです。むしろ神様の怒りは強く激しく、人の道に反するようなことを少しでもすれば絶対に許してくれないと思うべきだというのです。

多くの賢者が教えているように、絶対的な存在を信じる敬虔《けいけん》さが、人格を高め、維持するためにも必要なのです。これは人類が生み出した最高の英知の一つだと私は思うのです。

何ものにもとらわれず、心を穏やかにする

挫折を繰り返しても落ち込まず、成功しても驕らず、どんな環境に置かれようと「心が穏やかで安らかでなければならない」と稲盛さんは諭しています。「心に不安があれば、心配事があれば、愚痴や不満があれば、幸せになれない。心が安らぐことが必要」と語り、「静寂な精神を保てば、心のエネルギーの消費はミニマムになる」ので、毎日、健やかに過ごせると言うのです。

何かうまくいかないと他人のせいにして不平不満を言ったり、思い通りにならないと怒ったり、なぜあいつだけが評価されるのかと嫉妬する、そのような日々では精神的にも疲れ果ててしまいます。

そのような不平不満・怒り・嫉妬は利己心から生まれてくるので、稲盛さんは「本能、利己が過度になると精神的に不安定になる。精神が過度に高ぶると肉体にも悪い影響を与える。だから、心の静寂を保つことが必要、そのため、古代より人間は修行をしてきた」と教えています。

そして、現代において修行をするとは仕事に打ち込むことだと言い、仕事に打ち込

むことで「**心と感情のコントロールをし、静寂で冷静でいられるようにする**」ことができると説いているのです。

稲盛さんの近くにいて感じていたのは、稲盛さんは、いつも心が穏やかで安らかな人であり、そのため心のエネルギーの消費が少ないということです。だからこそ、いつもエネルギッシュでいられたと思うのです。

心が穏やかであると言うと、感情を表に出すこともなく、いつも温和でニコニコしているようなイメージでとらえるかもしれません。しかし、稲盛さんはそうではありません。喜怒哀楽ははっきりしていて、大声で笑うことも、厳しく叱ることも、涙を流して悲しむこともありました。運動会やコンパの余興など、楽しむときはまさに天真爛漫《らんまん》に楽しんでいました。

なんのこだわりも、一点も曇りもないので、心に感じたことをそのまま素直に表現していたのです。それが稲盛さんの言う「**心が穏やかで安らか**」ということなのです。

私は稲盛さんに毎日のように会い、多くの案件の報告をし、相談をしていました。一つの案件で「何を考えているんだ」と厳しく叱られることもあれば、次の案件では「よくやってくれた」と褒められることもありました。心が澄み切っているので、なんのとらわれもなく、間違いは指摘するし、よければ褒める。そのようなことが自在にできるのです。

余談ですが、こんなこともありました。一緒に米国出張に行く際、私は時差で眠れないこともあったので、睡眠導入剤を持参するようにしていました。あるとき、稲盛さんも眠れないことがあるだろうと思い、それを差し上げようとすると「ありがとう。でも、俺は昼間一生懸命仕事をして疲れているので、夜はどこでもぐっすり寝れるんだ」と言われ、驚きました。

そういえば、私は昼間に眠気が襲い、仕事に集中できなかったり、夜になれば時差で眠れないかもしれないと不安になったりしていました。つまり、私の心が穏やかではないので、睡眠導入剤に頼ろうとしていたのです。稲盛さんとの人間としての違いを改めて痛感しました。

宇宙の愛を受け入れる

これまでも説明してきたように、稲盛さんは「宇宙にはすべてに善かれしという愛

が満ちている」と言い、宇宙が開闢《かいびゃく》以来進化を続けているのは、**「そこに宇宙の愛が流れているからだ」**と語っています。

その**「宇宙の愛」**を受けるためには、**「心が穏やかでなければならない。善きことを思うのがすべての始まり」**と教え、**「心を静寂にすることによって、本来の善き思いが発露しやすくなり、宇宙の愛と結ばれる。神様からのプレゼントとして愛の循環、善の循環が始まる」**と諭しています。

残念ながら、私たち凡人は、少しでも油断すると利己的な思いが生まれ、心がにごり、乱れてしまいます。そうなると宇宙の愛、宇宙の英知を受けることができなくなるのです。

稲盛さんは**「全身全霊没頭しているから私心から離れられ、無心になれる。神様の声が聞こえるのは無心のときだ」**と指摘し、**「一心不乱に働くこと、集中することで妄想を削り落とせ、純粋な美しい心、慈悲な心になり、善きことを思い、善きことを行える心になれる」「欲望、嫉妬があると心が曇り、見えなくなるが、無私な心になると、心が透明になり、神の啓示が得られるようになる」**と語っています。私たちは、一つのことに打ち込み、無私になり、無心になり、心を穏やかにすべきなのです。

稲盛さんは**「自分にとらわれず、宇宙の摂理に従えばうまくいく」**とも教えています。そして、自分の欲から離れ、心が完全に静寂になったとき、「神の啓示、ひらめきが出てきた」とも話しています。そして、それを「宇宙の知恵の蔵に触れたような思い」と表現しています。

その境地には簡単には至れないかもしれませんが、稲盛さんが「善きことを思うのがすべての始まりだ」と教えているように、少しでも善きことを思うことが、宇宙の愛を受け入れるためには必要であり、すべての始まりだと思うのです。

2 善きことを思う

利己心を少しでも減らしていく――心を高める

心の静寂を乱すものは利己心なのですが、稲盛さんは、「心の中には利他心と利己心が同居していて、利己心を減らした分だけ利他心が増える。だから、利己心を減らすことが心を高めることだ」とも表現しています。そして利他の心、「善き思いをエンジンにすべき」だと言うのです。

これについて稲盛さんは、しばしばインドの詩人・タゴールの次の詩を引用して説明していました。

私はただ一人、神様のもとにやってきました
しかし、そこにはもう一人の私がいました
その暗闇にいる私は、一体だれなのでしょうか
私はこの人を避けようとして、脇道にそれますが、
彼から逃れることはできません
彼は大道を練り歩きながら、地面から砂塵《さじん》をまきあげ、
私が慎ましやかにささやいたことを大声で復唱します
彼は私の中の卑小なる我、つまりエゴなのです
主よ、彼は恥を知りません
しかし、私自身は恥じ入ります
このような卑小なる私を伴って、あなたの扉の前に来ることを

この詩にもあるように、人間の心の中にはエゴ＝利己にまみれた「卑小なる我」が

います。この「卑小なる我」からは逃げようとしても逃れられません。ですから、それを認める一方で、少しでも利己心を減らそうとすることが大切なのです。そのためには、**「精神的浄化、深化のために、利他の心（善き思い）が必要」**という理解が大切になるのです。

善きことは力んでする

稲盛さんは、**「利己心は本能なので、利己心をすべて否定するわけではない」「利己心がエネルギーなんだ」**とも話しています。健康のために体を鍛えようとしたり、一生懸命本を読んで勉強しようとするのも利己心であり、本能としての利己心がないと人間は存在も成長もできないのです。

稲盛さんが強調しているのは、利己心がすべてダメなのではなく、心の中が利己心ばかりになってしまうと不安定になり、心が満ち足りた幸せな人生は送れないということなのです。ですから、利己心を少しでも減らすることが幸せな人生を送るためには大切になります。そのため、**「たった一回の人生、少しでも善きことをしよう」**と思うことが不可欠になると教えているのです。

いつも稲盛さんからそう教えてもらいながら、私自身、なかなか自発的に善きことはできそうにありませんでした。そこで私は、そのことを率直に稲盛さんに聞いたことがあります。その答えは意外なものでした。稲盛さんは、**「自分はそれほど上質な人間ではない。無理をしなくては利他的になれない」**と答えたのです。

そのうえで**「偉そうなことを言っているけれど、自分は聖人君子ではなく俗人なので善きことは力まなければできなんだ」**と語り、たとえば「(京都賞を運営している)**稲盛財団は力んでやっている。やりたくないことを修行だと思ってやっている。カッコつけていると思われてもいい」**と言うのです。

そのような心の内を稲盛さんから直接聞き、正直とても驚きました。そのあと、**「欲望にまみれた俺でもできたのだから、誰でも俺のようになれる」**と静かに語るのを聞き、私は大きな感銘を受けたことを覚えています。

稲盛さんが「力んでやる」という背景には、自分で経験し、納得した**因果応報**という人生のルール、**善因善果・悪因悪果**という教えがあると思います。人生にそのような決まり事がある以上、力んでも善きことをすべきだというのが稲盛さんの信念となっているのです。

利己心を抑えることは、煩悩にあふれた人間には簡単ではありません。私自身、少し冷静になり、自分を振り返る余裕が出てきたとき、**「卑小なる我」**にとらわれていることに気が付くことがよくあります。稲盛さんにあれほど教えてもらったのに、すぐに自分が楽なほう、得なほうを選んでしまっているのです。

しかし、稲盛さんでさえ、力んで利他の心を引き出し、善きことをしていたのであれば、私たちでもできるはずです。稲盛さんが指摘しているように**「利己心だけでいくら努力し、成功しても、敵を作ることになるから、永続することはできない」**のは間違いのない事実でしょう。それが分かっているのであれば、**「たった一回の人生、少しでも善きことをしよう」「善きことは力んででもしよう」**と思うことが大切であり、無理にでも利己心を減らし、利他心を増やすことが心を穏やかにして、幸福な人生に導いてくれると思うのです。

その利他とは、困っている人を助けてあげるとか、寄付をするとか、ボランティア活動するだけではないと稲盛さんは教えています。

たとえば、「顔施」、つまり心からの笑顔で接することで人々の心を明るくし、安らぎをもたらすことも立派な利他になるというのです。

これは第1章でも説明しましたが、実際は、自分がつらいときに心からの笑顔でいることは簡単ではないかもしれません。しかし、それでも、「**力んででも明るく振る舞う**」「**力んででも心からの笑顔で人と接する**」ことにより、利己心を減らし、多くの人を幸せにでき、自らも人間的に成長できるのです。

稲盛さんは、人生を歩んでいくうえでは、「**お互いに善かれかしと思うことが大事**」になると教えています。つまり、「**エゴとエゴではなく善意と善意で進めればすべてうまくいく**」ので、まずは無理にでも利己心を抑え、少しでも善き思いを増やしていけば、人生は良い方向に動き始めると説いているのです。

稲盛さんは「**利他には、静かな、ひそやかな、さわやかな喜びがある**」と語っていますが、そのさわやかな喜びの積み重ねがより幸せな人生につながっていきます。それは稲盛さんが私たちに残してくれた大切な哲学です。教えていただいてありがたいと、私は心から感謝しています。

生まれたときよりも少しでもきれいな魂で旅立つ、それが人生の目的

稲盛さんの人生哲学には大きな特徴があります。それは稲盛さんの確固たる死生観

に裏付けされているということです。

稲盛さんは、**「いくら現世で成功し、名声を得て、財産を築いたとしても、死ぬときは一人であり、来世には何も持ってはいけない」**といつも話していました。それは間違いのない事実であり、死ぬのを待たずとも、現役を引退し、高齢となったときに、「自分は現役のときにはこんなに偉かった」「こんなに財産がある」と自慢しても、誰も相手にしてくれません。現世で地位を得ることや財産を増やすことは、人生の目的ではありえないのです。

ですから稲盛さんが、**「生まれたときよりも死ぬときのほうが少しでも心が高まっていたらいい。心が純化されていたらいい」**と語り、**「苦労をして魂を磨いて、生まれたときよりも少しでもきれいな魂にしてこの世を去っていく。それが自分の人生の目的だ」**と話すとき、私は素直に感銘を受けました。

「来世がある」と信じる生き方

社会に出て、世のため人のために少しでも役立とうと毎日を精一杯生き、成功を手にして、物心ともに豊かな人生を送る人もいます。同じような思いで、同じように一生懸命働いても、そうでない人もいます。同じように努力しても、人生では同じような結果になるとは限らないのです。

稲盛さんは、それは、個人にも、生まれた国や地域にも、生まれた時代にも、それぞれ運命があるからだと説明していました。たとえば、日本の歴史を見ても、戦国時代に生まれた人、江戸時代に生まれた人、第二次世界大戦時中に生まれた人、高度成長期に生まれた人では、同じように必死に生きていても同じような結果にはなっていません。それは日本という国とその時代の運命なので、それに対して不満を言っても仕方がありません。

同じ時代に生まれた人でも、都会で生まれた人と地方で生まれた人、裕福な家庭に生まれた人とそうでない人は、同じように懸命に生きたとしても結果は同じでないことのほうが多いものです。それを妬み、恨んでみても、良いことは一つもありません。

稲盛さんは「運命と立命」という話をして、善きことに努めることで運命を変えることはできると言っていますが、それが起こるのは現世とは限らないとも話しています。

稲盛さんは「**一生懸命努力した人がこの世で必ず報われるとは限らない。世のため人のために頑張って、そのまま何も報われずに死んでいった人もいる。でも、その人**

の来世はきっと素晴らしいものになるだろう」と語り、どんな環境に置かれようと、天命に従い、明るく前向きに、日々一生懸命生きて、「より良い魂となって旅立つことが、来世において素晴らしい人生を送るためには大切だ」と言うのです。

このように稲盛さんは、来世があることを疑うことなく信じていました。その根拠を次のように語っています。

「有が無になるはずはない。計算が合わないじゃないか。突発的に生まれて突発的に亡くなって、どんなに頑張っても点の連続で脈絡は何もないというのはおかしいじゃないか。人生、辻褄《つじつま》が合うはずだ。神様は平等なはずだから、現世で苦労した人は来世で必ず報われる。計算の合わないことは世の中にはない。全部、辻褄が合うようになっているのに、人生だけ、辻褄が合わないはずがない」

宇宙開闢以来、エネルギー量は一定であるというエネルギー不滅の法則は物理学の基本です。そして現在、間違いなく存在する自分の強烈な思い、つまり魂は、ある種のエネルギーのはずなので、形は変えることはあっても、肉体の死という現象でこの宇宙からきれいさっぱりなくなってしまうはずはない。それは不滅のはずだというのです。

稲盛さんは学生時代、応用化学を専攻し、実験に明け暮れる中で、すべての現象には原因があり、すべて辻褄が合うことを学びました。また、私淑していた西片擔雪《にしかたたんせつ》老師からは、人生には因果応報というルール、善因善果、悪因悪果という決まり事があることを学びました。

科学的に考えても、人生の決まり事に基づいて考えても、肉体の死をもってすべてがご破算になるはずはない。だから必ず来世はあるというのです。

現世しかないと決めつければ、極端な話、どうせいつか死ぬんだから、苦労せずに今を楽しむだけ楽しんだらいいという刹那《せつな》的で利己的な生き方になってしまいます。しかし、そのような利己的な心だけでは、心が穏やかな幸せな人生は送れません。

ですから、来世を信じ、たとえ、現世で不運に見舞われたとしても、それは自分の魂を磨くチャンスだと前向きにとらえ、さらに積極的に善きことを思い、善きことを成そうと努力すべきなのです。そうすれば、来世でより素晴らしい人生が送れるはずだと言うのです。

そのような考え方が、**「生まれたときよりも少しでもきれいな魂にしてこの世を去っていく」**という人生の目的に合致すると稲盛さんは語っています。

土から生まれ土に戻るというように、肉体は死をもってなくなります。両親から受け継いだ生命は子孫に受け継がれていきます。では、心というエネルギーはどうなっていくのか。それがそもそも宇宙のエネルギーの一部であったとするなら、死をもって宇宙に戻るのであり、結局は不滅だと思うのです。

このような死生観があるため、稲盛さんは「みんなから冷たいと言われる」と話していました。「なぜですか」と尋ねると、「**親しくしていたり、お世話になった人が亡くなっても、悲しそうな顔しないからだ。みんなはこれで二度と会えないと悲しんでいるけれど、俺は来世を信じているから、また会えると思っている。だから、本当に悲しくないんだ**」と教えてくれました。

実際に、稲盛さんはお亡くなりになりましたが、私は今でも稲盛さんのエネルギーを感じ、稲盛さんの掌の上で、稲盛さんの指示のもとに生かされているような気がしていて、感謝の思いが絶えることはありません。

3 心を磨く

足るを知れば心が安らぎ、感謝の思い、利他の心が生まれてくる

稲盛さんは**「できるだけ感謝の言葉を口に出すべきだ。感謝があるかないかで人生が変わる」**といつも話をしていました。そのときに必要になるのが**「足るを知る」**ということです。

いくら恵まれていても、もっともっとと自分の欲望を抑えられない、つまり、いつまでも不足の思いがあると、感謝の気持ちは出てきません。しかし、すでに十分恵まれていると足るを知れば、ありがたいことだと感謝の思いも自然と生まれてくるというのです。

稲盛さんは六十五歳のときに、**「人生の目的は心を高めることだと信じていたので、当然の帰結として、臨済宗円福寺で得度した」**と語り、その得度のあと、臨済宗の高僧白隠禅師が残された次のような座禅和讃を私たちに紹介し、**「足るを知る」**ことの大切さを教えていました。

衆生本来仏なり　水と氷のごとくにて
水を離れて氷なく　衆生の外に仏なし
衆生近きを不知（しらず）して　遠く求むるはかなさよ
譬（たとへ）ば水の中に居て　渇を叫ぶがごとくなり

長者の家の子となりて　貧里に迷うに異ならず

この和讃にあるように、私たちは水の中にいるのに、つまり、十分満ち足りているのに、つい喉が渇いたと不平不満を口にしてしまいます。

稲盛さんは、この座禅和讃を紹介して、足るを知らないと**「心に不安や心配事、愚痴や不満が生まれ、幸せにはなれない」**と私たちに伝え、**「利己を抑えることで足るを知る生活ができる」**と自分の欲を抑えることの大切さを語り、**「足るを知る心があれば、幸せを感じられ、感謝の思いが生まれ、自分はもう十分だからと利他の心が生まれてくる」**と諭しました。

足るを知れば自然と感謝の思いや利他の心が生まれ、心が穏やかになり、より良い人生が送れると教えていただいたのです。

見返りを求めず感謝できることが幸せをもたらす

あるとき、稲盛さんが**「何をするにしても見返りを求めてはダメだ」**と言うのを聞いて、ハッとしたことを覚えています。どうしても、「あれほど手伝ってあげたのに」とか、「こんなに頑張っているのに」と暗黙のうちに見返りを求める自分がいることに気が付いたからです。

稲盛さんが、JALでの少人数でのフィロソフィ勉強会で「感謝の心を大切に」という話をしたときのことでした。ある社員が「お客様に『ありがとうございます』と伝えても無視されることがあります。感謝の気持ちは持っていても、無視されるのはつらいし、モチベーションも下がります」と率直に語りました。

私は、その気持ちはよく分かると思っていたのですが、稲盛さんは、**「見返りを求めてはいけないんだ。何も見返りがなくても『ありがとう』と言えるのが利他の心であり大切だよ」**と優しく諭しました。**「利他の心は見返りを求めない。だけど、回り回って必ずなんらかの形で返って来る」**というのです。

私たちはつい性急に見返りを求めてしまいます。何かをしてあげたら、すぐに何かを返してもらって当たり前だと思い込んでいるのです。「ありがとうございます」と感謝の気持ちをお客様に伝えたら、「ご苦労様ね」と一言ねぎらいの言葉がもらえて当然だと思い、それがないと、ちょっと気分が悪いのです。

いつも見返りを期待していて、それがないとモチベーションも下がり、逆に不平不満が生まれてくるわけです。

そのような短絡的な発想で、無理して形だけの感謝を続ければ続けるほど、不満がたまってしまいます。それに対して、稲盛さんは、**「そもそも感謝するとは見返りを求めるものではないんだ」**と教えているのです。

その同じ勉強会で、他の人が「オリンピック選手でメダルを取った方が、『国民の皆様のご支援の賜物です』と感謝しているのを聞いて、素晴らしいと思いました」と話したとき、稲盛さんは「それは当然であり、もし感謝できなければ人間としておかしい。理想は何もしてもらわなくても感謝できることであり、**『生きていることに感謝する』『生かされていることに感謝する』**ことなんだ。そのような人間性を身につけてほしい。そうすると必ずいいことが起こるよ」と温かく励まし、横にいた私も率直に感銘しました。

稲盛さんのもとには、経営者だけでなく、文化人など多くの方が相談に来られました。その中には、問題を抱え支援をお願いする人もいました。そのような人に対し、稲盛さんが親身になってアドバイスをし、サポートをすることもありました。その結果、ほとんどの人は問題を乗り越えることができ、当然、稲盛さんに心から感謝をしていました。

しかし、中には、少しうまくいくと、急に疎遠になるような人もいました。私が

「冷たいですね」と言うと、稲盛さんは「いや、かわいそうだ。哀れだな」と答えていました。つまり、最後の最後になって感謝することを忘れ、私心が出てしまったので、恐らくその成功は長続きしないということが分かっていたのでしょう。

私自身、何かしてもらっても感謝を忘れ、「それは当たり前だ」と思ってしまうこともあります。そのとき、「哀れだな」と言われないよう、足るを知り、感謝の気持ちを忘れないようにしたいと強く思いました。

稲盛さんが教えているように、足るを知り、なんの見返りを求めることなく、いつも素直に感謝できる、そのような善き心を持てば人生は間違いなくいい方向に向かっていくと思うのです。

無償の愛には偉大な力がある

私たちは、人を愛するときには何の見返りを求めません。見返りを求めると仕事になってしまうからです。その何の見返りも求めない無償の愛には偉大な力がある、そのことを私はＪＡＬの再建で体験することができ、心から感謝しています。

稲盛さんは、無給でＪＡＬ会長に就任したにもかかわらず、全社員の先頭に立ち、誰にも負けない努力を続けていました。なぜそれができたのか。それは、稲盛さんに、ＪＡＬの社員に幸せになってほしいという大きな愛があったからです。そして、稲盛さんが社員を愛した分、社員からの愛も返ってきて、それが奇跡的な再建につながったのです。

実際にこんなこともありました。稲盛さんが会長に就任して二年近く経ったある会議で、稲盛さんは**「私はＪＡＬを、社員の皆さんを愛している。これからもきついことを言うかもしれないが、それは皆さんが幸せになってほしいと願っているからだ。まだまだ厳しい道のりは続くと思うけれども、ぜひ一緒に頑張っていこう」**と語りかけたのです。

それを聴いた幹部の何人かは涙を流していました。驚いて、「どうしたのですか？」と尋ねると、「こんなとき、トップはもっと頑張れと叱咤《しった》激励するのが普通なのに、稲盛会長は私たちを愛していると話してくれました。愛しているとは、自分を犠牲にしてでも相手に尽くそうというときに出る言葉です。私は稲盛会長の愛を感じていたので、感動して涙が出てきました」と答えてくれました。

ＪＡＬの社員たちはそれまでも一生懸命に働いていたのですが、赤字が続き、経営トップから厳しい指摘を受け、マスコミからも批判をされ、そして倒産してしまいました。その結果、社員の心はすさんでしまっていたのです。その社員たちに対し、稲盛さんは「愛している」と言い、なんの見返りも求めず、多大な自己犠牲を払って、懸命に再建に取り組んでいたのです。

社員を愛しているなどとは簡単には言えない言葉です。また、もしそう話したところで実態が伴わなければ、誰も感激してくれないはずです。しかし、稲盛さんの場合は、本当に社員のことを心配し、愛し、社員に幸せになってほしいと願っていました。社員の方たちはその愛を肌で感じていたからこそ、感激して涙し、愛された分だけ愛を返そうと奮闘し、その結果、ＪＡＬの再建は奇跡的なスピードで達成されたのです。

働くことの意義を知る

私たちは、学校を卒業し、社会人になると「働く」ようになります。一般的には、働くことは生活の糧を得るため、つまり収入を得るためだと思われがちですが、稲盛さんは、**「働くことは生活費を得るためだけではない。耐えることで人間的にも成長できる」**と教えています。そして、**「何も働く必要がない人が人間力や人格を高められるだろうか？」**と問いかけるのです。

さらに、「遊んでいるばかりでは心が不安定になり、心が病む」と指摘し、「すべての欲望が叶うなら、成長は止まる」と警鐘を鳴らします。また、「なんのために働くのか、誰のために働くのか」を常に考えるべきであり、「目標がなく働くだけでは、自堕落になる」とも戒めています。

稲盛さんは、「一生懸命に働くことには苦痛も伴うが、それに対して不平不満を言い、ただ漠然と働くだけでは、人格は劣化する」とも指摘しています。「働く姿勢で人格は向上もするし劣化もする」と教えているのです。

結論として、「働くことで人間が錬磨され、心が浄化される」「働くことで自分の欲望を抑えることができる」などと働くことの見えない効能を説いて、「一心不乱に働くこと、集中することで、妄想を削り落とせ、純粋な美しい心、慈悲な心になり、善きことを思い、善きことを行える心になれる」と働くことの大切な意義を説明しています。

残念ながら、我々凡人はそのような修行をするような気持ちではなかなか仕事を続けることはできません。稲盛さんもそのことをよく分かっていました。そのため、「働くことはつらいので、心の片隅では楽しめることも大事」と話しています。また、自分自身を振り返り、「仕事に追われるだけでは、長くは続けられない。楽しんでいるから続けられる」とも率直に語っています。

そして「漠然と続けるのではなく、常に新しいことを考えること、工夫を加えることでやりがいが生まれる」とアドバイスをし、「仕事の内容に興味を持つと、責任も楽しみも感じられる」「自分の仕事と思っているのか、頼まれていると思っているのかで結果は違う」とも教えています。

このような前向きな姿勢で働くことで、心の片隅では楽しむこともできるようになるというわけです。


このように「働くことの意義」の大切さを信じている稲盛さんは、「『働き方改革』には、若者に迎合し、若者を利用とする側面もある」と言います。「賢い人は働かなくて収入を得ることが立派だと思っている。楽をして収入を得ることが賢いと思っている」が、それは間違っているのではないかと指摘しているのです。

当然、意味のない長時間労働は避けるべきでしょう。若い人たちが自由に発想できるような環境も必要になります。ただその前に、働くことを避けるのではなく、そこには大きな意義があることをみんなが理解すべきだということなのです。

理と情の順番を間違えてはいけない

社会の中で生きていくうえでは、人とどう接するかが極めて大切になってきます。その基本的姿勢として、稲盛さんは**「理と情の順番を間違えてはいけない」**と助言をしていました。

人間として正しいこと、理屈に合い筋の通ること、それが「理」であり、思いやりや人情というものが「情」となるのですが、常に理が先であり、情はそのあとであるべきで、その順番を間違えてはいけないというのです。

たとえば、何かトラブルを起こした人がいたら、最初に何が問題なのかを「理」で分析し、「理」で注意をする。それで相手が納得し、反省したなら、そこで初めて「情」をかけてあげる。その順番を間違ってはいけないというのです。

最初に優しくしたほうが嫌われないだろうという私心で、また「かわいそう」と言う感情も生まれて「情」にほだされ、「情」をかけてしまうと、そのあといくら理屈で間違っていると指摘しても、「私は同情されたので悪くない」という先入観があるため、本気で反省はできず、成長もできないのです。

「理と情には順番がある」ということを知ったとき、私は正直驚きました。そのようなことは考えたことがなかったからです。自分自身を振り返っても、最初に「情」に訴えたり、「情」をかけることがよくありました。しかし、考えてみると、そのようなときに限って問題を複雑にしていました。ですから、稲盛さんに**「理と情には順番がある」**と教えてもらったとき、素直に納得できたのです。

その後、稲盛さんの座右の銘である「**敬天愛人**《けいてんあいじん》」にも、同じような意味が含まれていることに気が付きました。語順にあるように、まず「**敬天**」、天を敬い、天に恥じないよう人間として正しいことに徹し、次に「**愛人**」、人を愛し、優しくするのであって、順番が逆になってはダメなのです。最初に、優しく接してしまえば、そのあとにいくら人間として正しい生き方を説いても、それを素直には受け入れられなくなってしまうからです。

美しい心を持つ――常に善きことを思い、善きことをなす

人間の心は弱く、放っておくとすぐに利己的な思いが芽生えてしまいます。それが過度になると精神的にも不安定になり、いつまでたっても幸せにはなれません。だか

らこそ、心の手入れが大切であり、利己心に惑わされないようにすべきだ、と稲盛さんは繰り返し説いていました。

では、どのような心を目指すべきなのか。それは、稲盛さんがＪＡＬフィロソフィの中で一番好きだと話していた**「美しい心」**だと思います。

稲盛さんは、美しい心とは**「常に善きことを思い、善きことをなそうとする心だ」**と表現し、**「美しい心には国境はない」**とも話し、年齢・性別・人種などにかかわらず、万人に共通のものだと教えていました。どんなに時代が変わろうとも美しい心は世界共通であり、誰もが目指すべき姿だというのです。

そんな美しい心を持つ、つまり、常に善きことをと思えるようになるためには、どうすればいいのでしょうか。それはこれまで説明してきたように、仕事に打ち込むこと、足るを知ること、感謝の思いを持つことなどで、利己心を抑えることが大切になります。それに加えて、もう一つ大事なことがあると私は思っています。それは、**「心に栄養を与える」**ということです。このことを私は稲盛さんから間接的に教えてもらいました。

「心も風邪をひくのだから、心にも栄養が必要」――これは稲盛さんから「ためになるから読んだらいい」といただいた二冊のチベット密教について書かれた本から私が学んだことです。人間には体と心があり、健康な肉体を維持するために栄養が必要なように、健康な心を維持するためにも栄養が必要になるのです。

意外に聞こえるかもしれませんが、稲盛さんからは、「仕事には徹底して打ち込みなさい」と言われる一方で、「仕事だけではダメだぞ」と注意されたこともあります。

無心に仕事に打ち込むことで、雑念・妄念がなくなり、心を純化することはできるでしょう。しかし、それだけでは心が疲れてしまい、精神的に病んでしまうかもしれません。ですから、心の健康を保つ努力も必要であり、そうでなければ、良心も生まれないと言うのです。

そのためには心に栄養を与え続けることも不可欠になります。稲盛さんは、**「心の栄養というのは読書だから、いい本を読まなければならない」「人間性を高めるためには毎日読書を続けることも必要」**と言われ、読書の大切さ、学び続けることの大切さをいつも語っていました。

稲盛さん自身が大変な読書家でもあり、かばんの中にはいつも何冊かの本が入っていて、移動中は必ず読書をすることが習い性になっていました。当然、自宅でも読書を続け、自宅は本で埋めつくされていると言ってもいいほどでした。先ほど紹介したチベット密教の本のように、「この本はいいぞ」と薦めてもらうこともありました。

稲盛さんは**「一流の芸術は人を目覚めさせる力を持っている」**とか**「一流の芸術は人の精神性を高め、心を浄化させる力を持っている」**と話し、芸術にも高い関心がありました。それほど回数は多くはありませんが、一緒に美術館へ行ったり、ミュージカル・バレエ・オペラ・ライブなどを鑑賞したこともあります。

出張に一緒に行った際には、たまたま現れた自然の雄大な景色に感嘆の声を上げることもありました。その一つ一つが稲盛さんの心の栄養になり、心を浄化し、健康に、豊かにしていったのです。

それに加え、稲盛さんが六十五歳のときに得度され、信仰を持たれたことも、大きな心の栄養になったことは間違いありません。

日々仕事に追われていると、そんな時間はないと思うかもしれません。しかし、超多忙な稲盛さんが、心に栄養を与え続けることができていたのですから、私たちに不可能なはずはありません。肉体の健康のために美味しいものを食べようと思うように、心へのご馳走も不可欠であり、それが、美しい心を生み出す土台になるのです。

こころの健康については、稲盛さんは、違う角度から、**「心が病気にならないように、策略や嫉妬が渦巻くような世界からは身を遠ざけなければならない」**と忠告もしていました。

では、美しい心を持ったらどうなるのでしょうか？　稲盛さんが**「人の心は恐ろしいほど顔に現れる」**とか**「顔相に人間性は現れる」**と教えているように、心のありようは表情に現れてきます。心が卑しいと卑屈な顔相になり、猜疑心《さいぎしん》の強い人は目つきが鋭くなってしまうのです。

稲盛さんは、人間の理想の姿の一つに**「和顔愛語」**をあげていました。それは、心の理想の姿である美しい心が発露されたものだと私は思います。どんなにつらいときでも美しい心があれば、穏やかに相手を慈しむような笑顔で話を聞き、語り掛けることもできる、つまり、「和顔愛語」で接することができるでしょう。すると相手の心も穏やかに、豊かになると思うのです。

稲盛さん自身、「和顔愛語」の人でした。十分に栄養もいきわたっていた稲盛さんの美しい心から生まれる優しい笑顔と愛にあふれた言葉は、周囲の人を明るく穏やかにするだけでなく、とてつもなく元気にしていきました。

京セラやKDDI、JAL、そして盛和塾の塾生など、稲盛さんの「和顔愛語」に触れた人たちは皆、明るく元気になっていきました。その「和顔愛語」の姿にあこがれ、稲盛さんの周りにはいつも多くの人が集まっていたのです。

6つの精進

すでに述べたように、稲盛さんは「**ある心の状態になれば幸運が続く**」と語り、「**正しい思いを選んで、巡らし続けることができるので、気高い人間は上昇することができる**」とも教えていました。私は「ある心の状態」とは〝心が美しい状態〟であり、「気高い人間」とは〝美しい心を持っている人間〟だと思うのです。

そのことを含めて、稲盛さんは、「**美しい心と思いやりに満ち、謙虚で感謝を忘れず、素直な心を持って努力を重ねる、そんな善きことを思い、善きことに努める人の運命が開けていくというのは私の信念です**」という、愛あふれる貴重なメッセージを私たちに残してくれました。

心を磨き、美しくするために必要なことを稲盛さんは「**6つの精進**」としてまとめています。それを本書の最後に紹介したいと思います。

1. 誰にも負けない努力をする
2. 謙虚にして驕らず
3. 反省のある毎日を送る
4. 生きていることに感謝する
5. 善行、利他行を積む
6. 感性的な悩みをしない

これらのことを常に心に置いて、日々心を磨き、少しでも人間として成長していきたいと願っています。

〈参考文献〉

『稲盛和夫の実学』稲盛和夫・著（日経ビジネス人文庫）
『高収益企業の作り方』稲盛和夫・著（日本経済新聞出版）
『京セラフィロソフィ』稲盛和夫・著（サンマーク出版）
『成功への情熱』稲盛和夫・著（ＰＨＰ研究所）
『働き方』稲盛和夫・著（三笠書房）
『ネクスト・センチュリー』デイビッド・ハルバースタム・著、浅野輔・訳（阪急コミュニケーションズ）

〈著者略歴〉
大田嘉仁（おおた・よしひと）
昭和29年鹿児島県生まれ。53年立命館大学卒業後、京セラ入社。平成2年米国ジョージ・ワシントン大学ビジネススクール修了（MBA取得）。秘書室長、取締役執行役員常務などを経て、22年12月日本航空（JAL）会長補佐・専務執行役員を兼務（25年3月退任）。27年12月京セラコミュニケーションシステム代表取締役会長に就任、29年4月顧問（30年3月退任）。現在は、立命館大学評議員、八坂神社崇敬会常任幹事、日本産業推進機構特別顧問、鴻池運輸社外取締役、MTG相談役の他、新日本科学等、数社の顧問を務める。平成3年より京セラ創業者・稲盛和夫氏の秘書を務め、経営破綻に陥った日本航空再建時は、意識改革の他、再上場や調達等、多岐にわたり稲盛氏のサポート役を務め「稲盛和夫から最も信頼される男」「稲盛和夫の側近中の側近」とマスコミに取り上げられることも多い。著書に『JALの奇跡』（致知出版社）『稲盛和夫 明日からすぐ役立つ15の言葉』（三笠書房）。

運命をひらく生き方ノート

令和六年九月二十五日第一刷発行

著 者 大田嘉仁
発行者 藤尾秀昭
発行所 致知出版社
〒150-0001東京都渋谷区神宮前四の二十四の九
TEL（〇三）三七九六—二一一一
印刷・製本 中央精版印刷

ISBN978-4-8009-1315-9 C0034
ホームページ https://www.chichi.co.jp
Eメール books@chichi.co.jp

編集協力——柏木孝之

いつの時代にも、仕事にも人生にも真剣に取り組んでいる人はいる。
そういう人たちの心の糧になる雑誌を創ろう――

『致知』の創刊理念です。

CHICHI
致知
人間学を学ぶ月刊誌

人間力を高めたいあなたへ

●『致知』はこんな月刊誌です。

・毎月特集テーマを立て、ジャンルを問わずそれに相応しい人物を紹介
・豪華な顔ぶれで充実した連載記事
・各界のリーダーも愛読
・書店では手に入らない
・クチコミで全国へ（海外へも）広まってきた
・誌名は古典『大学』の「格物致知（かくぶつちち）」に由来
・日本一プレゼントされている月刊誌
・昭和53（1978）年創刊
・上場企業をはじめ、1,300社以上が社内勉強会に採用

―― 月刊誌『致知』定期購読のご案内 ――

●おトクな3年購読 ⇒ 31,000円（税・送料込み）
●お気軽に1年購読 ⇒ 11,500円（税・送料込み）

判型:B5判　ページ数:160ページ前後　／　毎月7日前後に郵便で届きます（海外も可）

お電話
03-3796-2111（代）

ホームページ
致知　で　検索

致《ち》知《ち》出《しゅっ》版《ぱん》社《しゃ》　〒150-0001　東京都渋谷区神宮前4−24−9